2025
年度版

警察官試験

試験

早わかりブック

資格試験研究会◎編
実務教育出版

警察官 ここがイイ！

魅力が
いっぱいだあ！

警察官の志望者と現役警察官に，警察官のどこに魅力があるのか聞いてみました！　その人気の秘密をご紹介します！

魅力その① やりがいのある仕事！

- 体を張って人の役に立てる
- 困っている人を助けることができる
- 被害者の無念を晴らすことができる
- 仕事の幅が広い！
- 住民と直接向き合う仕事ができる

現役警察官の方々は「この地域をよくしていきたい！」「地域住民の役に立ちたい！」という使命感を持って警察官になり，実際に仕事をするうえでも「人々の安全・安心な暮らしを守る仕事に直接携われる」ことにやりがいを感じているようです。これは何物にも代えがたい警察官だけの魅力でしょう。

魅力その② 安定している！

- リストラがない
- 退職金が高額
- 景気に影響されない
- 倒産しない
- 給料がイイ
- いろんな「手当」がもらえる
- 年金制度も充実
- 社会的信用度が高い

なんといっても安定していることも魅力です。とにかく勤め先が突然なくなってしまうこともありませんし，いきなりボーナスが0になるということもありません。給料は比較的高水準ですし，近年は公務員人気が高まっています。

魅力その③

充実の福利厚生!

- 週休2日制
- 職員宿舎に安く住める
- 妊娠中でも安心して働ける
- 保養施設も充実
- 育児・介護休業を確実に取れる
- ワークライフバランスを実現できる

週休2日制で，年間20日間の有給休暇や各種特別休暇制度が充実していて，なおかつ休暇も取得しやすいというのも魅力ですね。さらに，格安の職員宿舎に住めたり，各種保養施設が使えるなど，イチ企業では到底太刀打ちできないほどの充実ぶりです。最近は，「働き方改革」への取り組みも進められています。

魅力その④

実力本位!

採用試験は，受験年齢と学歴を満たしていればだれでも受けられます。採用後の配属・昇進についても差別はなく，自分の希望と実力次第で活躍のフィールドを広げていけます。また，研修制度などキャリアアップのための制度もいろいろそろっています。

- 自分の専門分野を生かした仕事ができる
- 研修制度が充実
- 男女差別がない
- 昇進も努力次第!
- 「コネ」に左右されない
- 学歴が問われない

もっとある! 警察官の魅力

- 制服姿がかっこいい!
- 親が安心する
- 女性の特性を生かした仕事ができる
- モテる!
- 警察学校で苦楽を共にした仲間を得られる
- 結婚しても仕事を続けられる

それでは，どうすれば警察官になれるのか？さっそく本書で確認していきましょう！

3

本書の特長と使い方

PART I 警察官になるには？
早わかりガイド

試験のアウトラインがわかる！

「試験や職種の種類」「受験資格」「試験のスケジュール」「併願のしかた」
「試験の形式」「合格に必要な得点」などをQ＆A形式で説明します。

PART II どんなところが出る？
教養試験の攻略法

筆記試験の対策がわかる！

警察官試験で出題される科目それぞれについて，出題の形式，出題される範
囲，学習のポイントを解説するほか，過去10年間の出題テーマを一覧表で示
します。

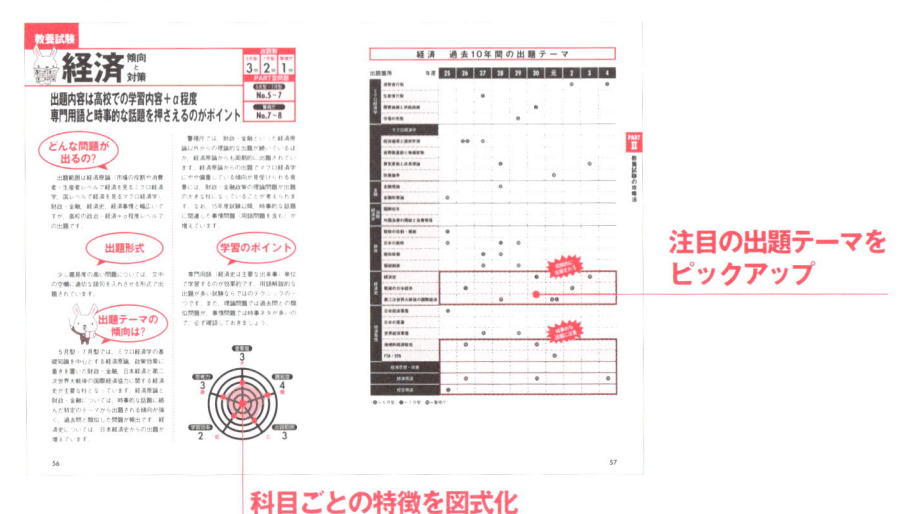

注目の出題テーマを
ピックアップ

科目ごとの特徴を図式化

PART Ⅲ キミは解けるか？ 過去問の徹底研究

どんな問題が出るのかわかる！

過去問の中から「今までよく出題され，今後も出題可能性が高い問題」をセレクトし，その問題の特徴や解き方のコツなどを，1問ずつに付けています。

目標とすべき解答時間

合格者ならどのぐらい正答できるか

PART Ⅳ これで受かる？ 実力判定＆学習法アドバイス

今の実力とやるべきことがわかる！

過去問の採点で実力を測ることができます。総合得点の判定をするだけでなく，細かく得意・不得意を明らかにして，必要な学習の指針を示します。

（注）なお，201ページ以下には，付録として，警視庁警察官Ⅰ類の国語試験の問題を抜粋したものを掲載してあります。警視庁を受験する人は参考にしてください。

本書の使い方

本書はどこから読んでもかまいませんが，次のような使い方があります。

① 「PARTⅠ→PARTⅡ→PARTⅢ→PARTⅣ」の順番に，ひととおり必要な知識を確認したうえで過去問に挑むのがオーソドックスな使い方です。

② 「PARTⅠ→PARTⅢ→PARTⅣ→PARTⅡ」の順番で，まずは過去問で自分の弱点を把握し，それを克服することを意識しながらPARTⅡを読み進めるという使い方も可能です。

警察官試験 早わかりブック 2025年度版

CONTENTS

これでバッチリ！

試験の概要が
つかめる！

PART 1

警察官になるには？
早わかり
ガイド

はじめに，複雑で種類の多い試験制度の説明をします。
「受けるべき試験はどれか」「受験資格は満たしているか」
「併願はできるのか」「どんな内容の試験が行われるのか」を
知ることは試験対策の第一歩ですし，それらを知ることによって，
学習の無駄を省くことにもつながります。

警察官になるには どうすればいいの?

各都道府県が行う 警察官採用試験に 合格すればOK！

▢「採用試験」に合格しなければダメ

民間企業のように，履歴書と簡単な面接だけで採用が決まってしまうということはありません。**「コネ」や「口利き」による不正な採用を防止するため**にも，警察官の採用に関しては，公平公正な「採用試験」によって行われることになっており，各都道府県が実施する「警察官採用試験」に合格しないと，警察官にはなれないのです（この場合は**地方公務員**としての採用となります）。

なお，本書では一般的な警察官試験（特記がない場合は大学卒業程度試験を表します）を対象とし，警察官（語学），警察官（武道）など語学力や柔道・剣道等の能力（段位や競技会へ出場した経歴など）が受験資格や専門試験で求められる特殊な試験については，詳細な説明は省いています。

▢「採用試験」は甘くない！

試験の内容については 32ページを見てね！

採用試験の大きな関門には筆記試験と面接試験がありますが，筆記試験については，民間企業に就職するときとは全然違う独特のものになっているので注意が必要です。

また，景気に影響されず安定していることから，警察官になりたい人はたくさんいます。ですので，当然ながら採用試験の競争率も高くなっています。なんとなく受けたらなんとなく受かっちゃった…という生やさしいものではありません。**筆記試験用の対策を練っておかないと合格はできない**といってもいいくらいです。

まずは本書を読んで，採用試験に合格するためには何が必要かということを知ってください！　きちんと対策をすれば，きっと合格できます！

白バイ隊員になりたいんだけど？

皆さんの中には，白バイ隊員になりたい，あるいは刑事になりたい，といった理由で警察官を志望している人も多いかと思います。では，そのような希望をかなえるにはどうすればいいのでしょうか。

警察官採用試験に合格して採用された後は警察学校に入校することになりますが，警察学校を卒業すると交番勤務となり，そこで，地域の仕事だけでなく，刑事や交通の仕事についても経験することになります。

その後は，こうした現場での実務経験を踏まえて，交番勤務以外に希望する分野があれば，仕事に対する熱意・希望・適性・能力・勤務実績などを考慮し，白バイ隊員や刑事等の専門分野に進む機会を与えられます。本人のやる気と努力次第で希望の職につくチャンスがあります。

警察犬の仕事をしたいんだけど？

麻薬捜査や遭難者の救助などに活躍している警察犬の仕事も人気の高い仕事といえます。しかし，残念ながら警察犬の仕事のみを対象とした採用というのはありません。交番で一定期間の経験を積んだ後，適任とされた人が特別の訓練を受けて，警察犬の仕事につくことができます。ただし，定期的に異動があるので，ずっと警察犬の仕事ができるというわけではありません。

音楽隊員になりたいんだけど？

各都道府県警察と皇宮警察に置かれている警察音楽隊は，交通安全などの行事や，小・中学校で行われる音楽教室など各地で演奏活動を行っていますが，音楽隊員も警察官であることには変わりありません。他の専門分野と同様，最初に交番での勤務を経験した後，希望や適性によって音楽隊員として勤務することになります。

Memo

国家公務員としての採用もある

採用人数は多くないのですが，警察官になるには，このほか人事院が行う国家総合職，一般職［大卒程度］試験を受ける方法もあります。この場合は国家公務員としての採用となります。ただし，これらの試験は，警察庁（都道府県警察など全国の警察組織の上部組織）の主として政策の企画立案等の高度の知識，技術または経験を必要とする業務に従事する係員を採用する難関試験で，一般の警察官採用試験とは試験の性格・コースが異なるものです。

警察官ってどんな仕事をしているの？

他の職業とは違う「誇りとやりがい」のある仕事ばかりです A

□ 警察の組織と仕事

まず警察の組織から説明しますと，都道府県には，都道府県公安委員会が置かれ，都道府県警察を管理しています。都道府県警察には，警察本部（東京都は警視庁）のほか，警察署が置かれています。また，警察署の下部組織として，交番や駐在所があります。ここでは，警察組織の代表的な例として，警視庁を取り上げ，警察官の仕事内容を見ていきます（右ページの組織図を参照してください）。仕事内容は，大きく分けると，以下のようになっています。

□ 地域警察

警察活動の中で人々にとって最も身近な存在なのが地域警察です。交番，駐在所を活動拠点として，夜間勤務も含む交替制勤務で24時間管轄地域の安全と治安を守っています。

地域警察は地域住民にとっての「警察の窓口」となっていて，パトロールや巡回連絡，地理案内，住民からの相談への対応等，活動は幅広いものがあります。

交番勤務については14ページを見てね！

□ 交通警察

交通事故を防止し，交通事故死亡者数を減少させることが，交通警察の最大の任務です。交通警察官は，交通取締りを中心に交通ルールの重要性をドライバーに指導するなど，安全教育にも力を注いでいます。

◻ 刑 事 警 察

　犯罪が行われる最前線で，日夜「悪」と対峙しているのが「刑事」です。事件発生とともに現場に急行し，現場検証を行い，資料を集め，被害者や目撃者等の話を聞き取り，証拠を積み重ねて，犯人を割り出し検挙します。

　刑事部では，殺人，強盗は捜査第一課，「振り込め詐欺」は捜査第二課というようにセクションが決められ，専門性を活かした捜査活動が行われています。

◻ 生 活 安 全 警 察

　生活安全警察では，ひったくりや空き巣，振り込め詐欺等の犯罪に対する防犯活動を進めるとともに，近年では，地域住民に対し，ウェブサイトや電子メールによる犯罪の発生状況等の情報発信を行っています。

　また，少年が関与する犯罪の早期解決や立ち直りに取り組む一方，児童買春等の取締りや街頭での補導活動等に取り組んでいます。

◻ 組 織 犯 罪 対 策

　暴力団，来日外国人犯罪組織等の犯罪組織は，凶悪犯罪をはじめとするさまざまな犯罪を実行しており，住民の生活を脅かしています。**組織犯罪対策部**は，各セクションに分かれ，犯罪組織の壊滅を図っています。

◻ 警 備 警 察

　さまざまな警戒活動によって事件・事故を未然に防ぐのが**警備警察**です。

警備活動の中核を担っている機動隊は，デモの整理や，暴徒の鎮圧に当たっており，東京都以外の地域にも派遣されています。

　そのほか，国内外の要人の身辺警護，花火大会等の混雑による事故を防ぐ雑踏警備，地震や台風等の被災者の避難誘導・救出・救助を行う災害警備等，専門技術を備えたスペシャリストたちが，事案の発生に合わせて警備活動を行っています。

警視庁の組織図

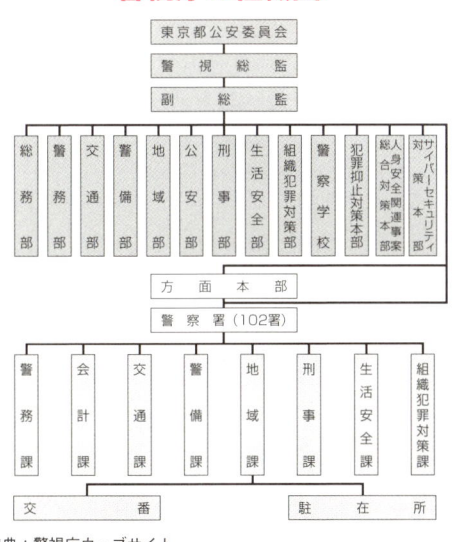

出典：警視庁ウェブサイト

13

交番勤務はすべての警察官が必ず経験するの?

警察学校を卒業すると,交番勤務からスタートすることになります

□ 警察活動の原点

　地域警察には,パトカーでのパトロールをする自動車警ら隊なども含まれますが,何といっても主なものは交番勤務の警察官です。交番は,だれもが経験する警察活動の原点で,警察学校卒業後は,まず交番で勤務することになります。

　「小さな警察署」とも呼ばれる交番には,警察官の職務の基礎的な要素がすべて含まれており,さまざまなセクションが凝縮されているからです。しかし,交番は警察官成長のための通過点として存在するのではなく,地域社会の安全を支える拠点として大きな役割を担っています。

　そして,その後の進路は,本人の希望や能力,仕事の適性など総合的な判断により,たとえば刑事を希望する人は刑事部門,白バイ隊員を希望する人は交通部門というように,それぞれの希望の部門へ配属となることも可能となっています。

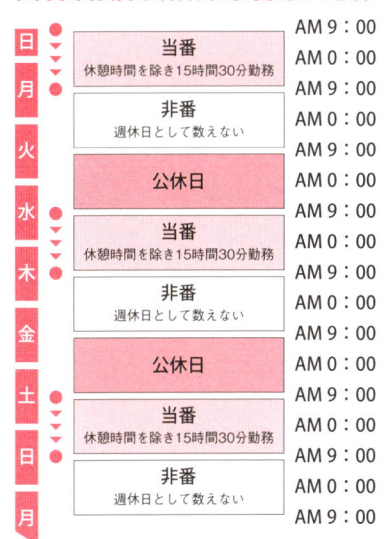

■ 交番ではどんな勤務をするの？

　交番の勤務形態は，**三交替制勤務**（警視庁は4日に一度の夜間勤務を含む四部制勤務）を基本としています。主な活動内容は，地域内のパトロールや巡回連絡を行うほか，犯罪の予防や検挙，交通の指導取締り，道案内，落とし物・拾い物の受理，犯罪被害の受理，負傷者・高齢者・迷子の保護，家出人の受理や保護，お祭り・イベントでの雑踏警備，などいろいろです。

　なかでも，巡回連絡は，「交番のお巡りさん」として親しまれる警察官が，各家庭や事業所を一軒一軒訪問し，犯罪等に関する情報を提供するとともに，住民から意見・要望を聞く大切な活動です。若い警察官もここに挙げた仕事をこなすことで，警察官の基礎づくりをしていくのです。

　なお，三交替制勤務とは，1日目当番―2日目非番―3日目公休日（または日勤）というサイクルで，3日に一度の当番勤務（勤務時間は15時間30分ですが，休息・休憩時間8時間30分を含めた拘束時間は24時間）があります。勤務終了後は非番となり帰宅できます。

※非番とは，当番で翌日の朝まで勤務した後の日のことで，当番明けの非番日に帰宅することができます。公休日とは，その日一日休日のことで，一般的な休日にあたる日のことです。

交替制勤務（福井県警察の例）

曜日	勤務	時刻
日	**当番** 休憩時間を除き15時間30分勤務	AM 9：00
月		AM 0：00
月	**非番** 週休日として数えない	AM 9：00
火		AM 0：00
火	**公休日**	AM 9：00
水		AM 0：00
水	**当番** 休憩時間を除き15時間30分勤務	AM 9：00
木		AM 0：00
木	**非番** 週休日として数えない	AM 9：00
金		AM 0：00
金	**公休日**	AM 9：00
土		AM 0：00
土	**当番** 休憩時間を除き15時間30分勤務	AM 9：00
日		AM 0：00
日	**非番** 週休日として数えない	AM 9：00
月		AM 0：00
月		AM 9：00

出典：福井県警察ウェブサイト

ある交番勤務員の一日

9：00	引継ぎ・勤務開始
9：30	立番勤務
10：00	パトロール
12：00	昼食
13：00	巡回連絡
15：00	交通違反の取締り
18：00	在所での対応
19：00	交通ルールからのもめ事の取扱い
20：00	隣接交番への応援
21：00	苦情申告の取扱い
22：00	夜間パトロール
7：30	立番勤務
9：00	引継ぎ・勤務交替

出典：福岡県警察および京都府警察ウェブサイトを参考に作成

勤務制度や給料を教えて?

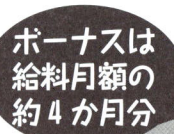

週休2日制で,
給与も他の公務員より
優遇されています

□ 勤務時間・休日はどうなっているの?

●勤務時間 ＊秋田県警察の例

　週38時間45分勤務で，**原則として週休2日制**となっていますが，職種や勤務場所によって，次のような勤務形態に分けられます。

・**通常勤務**／幹部，内勤者，警察本部に勤務する者など

　　土曜日，日曜日，祝日，年末年始は休日になっています。
　　勤務時間は通常8：30〜17：15（都道府県によって異なります）
　　月に数回の宿日直勤務があります。

・**毎日勤務**／警察署の刑事課，交通課など

　　4週間に8日の休み。土曜日，日曜日，祝日は必ずしも週休・休日ではありませんが，その分は，平日に振替となります。
　　勤務時間は通常8：30〜17：15（都道府県によって異なります）
　　月に数回の宿日直勤務があります。

・**交替制勤務**／交番，通信指令室，機動捜査隊など

　　4週間に8日の休み。当番（通常8：30から翌日の8：30のうち，15時間30分勤務），非番，休み（または日勤）を決められたローテーションで，週38時間45分勤務する形態（15ページ参照）。通常はおおむね3日ごとに当番勤務がありますが，翌日は非番として休養します。
　　1週間あたりの勤務時間は週38時間45分で通常勤務者・毎日勤務者と同じです。

□ 休暇

　通常の休日のほか，年次有給休暇（１年につき20日，ただし，新規採用者の１年目は，４月採用の場合：15日）や特別休暇（慶弔，夏季，結婚，出産など）のほか，育児休業制度や介護休暇制度などもあります。

　休日には，各自が旅行・スポーツ・資格取得など有意義に時間を使っていますが，仕事の性質上，予測できない事件・事故や災害が発生した場合のために連絡先を明らかにすることを義務づけています。

□ 給与・手当

　警察官の給与は，職務の特殊性からほかの公務員より優遇されており，特に地方の場合は大手企業と比べても見劣りしない給料が支給されています。

　昇給は，年１回の定期昇給のほかに，勤務実績を考慮した特別昇給もあります。

給料および諸手当（京都府警察の例）

学歴 ＼ 区分	採用時の初任給	一年後
大 学 卒	約234,700円	約284,200円
短 大 卒	約215,600円	約264,300円
高 校 卒	約199,400円	約244,500円
上記のほか，扶養手当，住居手当，通勤手当等がそれぞれの条件によって支給されます。		

（注）　京都府と各都県の給料等については異なります。なお，職歴，年齢等により一定の基準で加算されます（上の表は令和５年度京都府内勤務の一般的な例（見込）です）。
出典：令和５年度京都府警察官採用試験受験案内

　また，一定の条件により，扶養手当，住居手当，通勤手当，特殊勤務手当（犯罪鑑識作業，災害現場等における救難救助作業等），時間外勤務手当（いわゆる残業代），期末手当・勤勉手当などが支給されます。

　ボーナスにあたる**期末手当・勤勉手当**は，年２回（６月，12月），合計で給料月額の約４か月分が支給されます。

昇任制度

　年功序列や学歴には一切関係なく，本人の努力と実力で，巡査→巡査長→巡査部長→警部補→警部→警視→警視正→警視長と上位の階級に進むことができます。公平な昇任試験により，誰もがキャリアアップをめざすことができる仕組みです。

　ただし，大卒者と高卒者では，昇任にも差があります。大学卒業者は採用後２年で，高校卒・短大卒業者は４年で巡査部長（主任）昇任試験を受験することができ，最短で33歳には警部に昇任することが可能です。

女性にとって働きやすい環境なの？

既婚者の人もたくさん働いています

待遇などで男女の格差もなくとても働きやすい環境です

女性警察官の仕事

警察では，女性警察官の採用を積極的に行っています。女性警察官は年々増加しており，警察官全体の中で10.6％を占めています（令和3年4月時点）。女性警察官の仕事は，かつては，交通取締りや少年補導等に限られていましたが，現在では女性警察官を多く配置しているという部門はありません。生活安全，地域，交通，広報などの仕事だけでなく，刑事，鑑識，留置管理，警護などの分野でも活躍しています。仕事の内容は，基本的に男性警察官と同様の勤務を行うことになりますが，**性犯罪や配偶者からの暴力事案等の捜査や被害者支援等，女性の特性を活かした業務**もあり，あらゆる分野で活躍しています。

具体的には，
・列車内での痴漢や性犯罪の被害にあった女性からの事情聴取などを行う捜査官
・少年補導や非行防止活動
・幼児から高齢者を対象とした交通安全教室や交通指導取締り
・女性白バイ隊員
・女性要人の身辺警護
・警察犬の訓練
等があり，なかにはヘリコプターのパイロット，強行犯捜査，暴力団対策などの分野で活躍している女性警察官もいます。

また，警察では，昇任や職種，待遇などで男女の格差はありませんので，女性にとって働きやすい環境であるといえます。

🚪 結婚・出産しても仕事を続けることは可能なの？

　実際に多くの女性警察官が，仕事と家庭を両立しています。

　たとえば，福島県警察の場合，女性警察官の中で結婚している人の割合は約40％にのぼります。

　また，仕事と家庭の両立支援のため，下のような出産休暇や育児休業などの支援制度が整えられています。

結婚・出産への支援制度

育児休業制度	子供が3歳になるまで育児休業をすることができます（男性・女性とも取得可能）。
産前・産後休暇	出産予定日前8週間目に当たる日から，出産後8週間を経過する日までの期間，休暇を取得することができます。
不妊治療休暇	不妊治療のため通院等が必要なとき取得できます。
子供が小学生になるまでの期間の深夜及び時間外勤務の制限等	深夜・時間外勤務の制限を受けることができます。

出典：福島県警察ウェブサイト

🚪 育児時間

　上の表にあるように出産予定日前8週間目に当たる日から，出産後8週間を経過する日までの間は，「産前・産後休暇」を取得することができますが，たとえば，愛知県警では，その後の育児に関しても，「**部分休業**」というものを設けています。これは職員が，子どもが小学校に就学するまで，勤務時間の始め，または終わりに，1日2時間までの休業を取得できるものです。

　このように，警察では女性が結婚・出産後も勤務を続けやすいように，女性が働きやすい環境の整備を積極的に進めているのです。

Memo

介護休暇

　上記のほか，出産，育児についての休暇ではありませんが，特別な休暇として，**介護休暇**（男性・女性とも取得可能）が設けられています。これは家族を介護・看病するための休業制度で，介護を必要とする一つの状態ごとに，連続する6か月の期間内において必要と認められる2週間以上の期間（通算93日まで），休暇を取得することができるものです。

採用試験って
だれでも
受けられるの?

一番重要なのは
「年齢」です

受験資格さえ
満たしていれば,
だれでも受けられます!

□「年齢」が一番のポイント

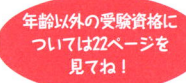

年齢以外の受験資格については22ページを見てね!

警察官採用試験は,**受験資格さえあればだれでも受験できるよう**になっています。この受験資格のうちで最も重要なのが「年齢」です。

警察官採用試験では,すべての都道府県で受験できる年齢に制限を設けていますが,それに加えて,学歴に関しても条件(**学歴要件**)をつけている場合があります。

□ 採用基準日に30歳であれば,
　　ほとんどの自治体を受けられる

30歳を超えても受けられるところは多いよ!

受験できる年齢は都道府県ごとにバラバラです。

試験によっても違ってくるのですが,大学卒業程度試験の場合,令和5年度に採用試験を行った自治体の受験可能年齢の上限をまとめてみると(右ページの表を参照してください),採用基準日(令和5年度試験の場合,おおむね令和6年4月1日)現在の年齢が30歳の場合は,ほとんどの自治体で受験が可能です。

なお,試験を複数回実施する自治体のうち,試験年度の10月採用の場合は,年齢上限が右ページの表より1歳上になることが多いようです。

令和5年度大卒程度警察官試験・自治体別の年齢上限

自治体名	年齢上限	自治体名	年齢上限	自治体名	年齢上限
北海道	32	新潟県	35	岡山県	33
青森県	32	岐阜県	35	広島県	32
岩手県	35	静岡県	35	山口県	33
宮城県	35	愛知県	33	徳島県	36
秋田県	35	三重県	35	香川県	33
山形県	35	富山県	35	愛媛県	34
福島県	33	石川県	33	高知県	34
茨城県	35	福井県	30	福岡県	30
栃木県	33	滋賀県	35	佐賀県	32
群馬県	33	京都府	35	長崎県	30
埼玉県	35	大阪府	33	熊本県	32
千葉県	33	兵庫県	36	大分県	33
警視庁	35	奈良県	33	宮崎県	35
神奈川県	35	和歌山県	32	鹿児島県	36
山梨県	33	鳥取県	35	沖縄県	29
長野県	35	島根県	35		

令和5年度高卒程度警察官試験・自治体別の年齢上限

自治体名	年齢上限	自治体名	年齢上限	自治体名	年齢上限
北海道	32	新潟県	33	岡山県	33
青森県	32	岐阜県	35	広島県	32
岩手県	35	静岡県	30	山口県	33
宮城県	35	愛知県	30	徳島県	36
秋田県	35	三重県	35	香川県	33
山形県	35	富山県	35	愛媛県	34
福島県	33	石川県	33	高知県	34
茨城県	35	福井県	30	福岡県	30
栃木県	33	滋賀県	35	佐賀県	32
群馬県	33	京都府	35	長崎県	30
埼玉県	35	大阪府	33	熊本県	27
千葉県	30	兵庫県	36	大分県	33
警視庁	35	奈良県	33	宮崎県	35
神奈川県	35	和歌山県	32	鹿児島県	36
山梨県	33	鳥取県	35	沖縄県	29
長野県	35	島根県	35		

（注）令和6年4月以降採用となる1回目の試験が対象。上記の表の年齢上限は令和6年4月1日現在の年齢で，試験時の年齢とは異なる。たとえば警視庁の場合，年齢上限は一次試験日を基準とするため，受験資格上の年齢は35歳未満である。

年齢条件さえ満たしていれば受験できるの？

自治体によって違うから注意してね

日本国籍を有することが必要です ただし，学歴も関係してきます

□ 学歴による制限

公務員試験の「程度」とは，最終学歴を目安にして，「大学卒業程度」「短大卒業程度」「高校卒業程度」のように分類されます。試験によっては，「上級」「中級」「初級」，「Ⅰ類」「Ⅱ類」「Ⅲ類」などの名称を使っているところもあります。

最終学歴といっても「大学卒業程度」というのはあくまでも試験問題のレベルや受験者に要求する能力が大学卒業程度というだけのことですが，警察官試験の場合は，「大学卒業程度」の試験（警察官Ａ，Ⅰ類）については，受験資格に「大学卒業者（卒業見込を含む）」と記されていて，それ以外の者は受験できないところが多いので注意してください。

また，「短大卒業程度」の試験（Ⅱ類）を実施しているのは埼玉県だけですが，埼玉県のⅡ類試験の受験資格は「短期大学または専修学校卒業者（卒業見込を含む）」となっており，やはり「学歴」の条件を満たしていることが必要となります。

なお，「高校卒業程度」の試験（警察官Ｂ，Ⅲ類）の場合は，「大学卒業程度」の試験（警察官Ａ，Ⅰ類）の受験資格に該当しない人が対象となります。したがって，大学（短大を除く）卒業または卒業見込みの人（埼玉県の高校卒業程

度試験の場合は，大学，短大または専修学校を卒業または卒業見込みの人です）は「高校卒業程度」の試験を受験したくても受験できないところが多いので受験案内でよく確認してください。

□ 資格・免許による制限と身体基準

警察官（語学）や警察官（武道指導）といった特殊な警察官試験の中には，その業務に必要な資格や免許の取得（見込を含む）を受験の要件にしている場合がありますが，一般の警察官試験については，基本的に事前に資格・免許を取得している必要はありません。

これまでは，人命救助や犯人の逮捕など，その職務の特殊性から一定の体格が求められるため，身長，体重，視力，色覚，四肢の運動機能などの**身体基準（身体要件）**を設けている自治体がありましたが，現在はこのよう

身体基準

検査項目	合格基準
―神奈川県の例―	
視　力	両目とも裸眼視力が0.6以上または，矯正視力が1.0以上であること。
色　覚	職務遂行に支障のないこと。
関節および五指の運動	職務遂行に支障のないこと。

な身長・体重に関する基準は撤廃される流れにあり，令和5年度はほとんどの自治体が身長・体重・胸囲の基準をなくしました。基準を設ける自治体でも，「おおむね○○cm以上」などと基準を比較的緩やかにしています。この場合には「身長○○cmないから合格できない」ということではありません。基準ぎりぎりで不安のある人は事前に問い合わせてみるとよいでしょう。

□ 国籍要件

「公権力の行使に当たる業務」に従事するためには日本国籍が必要とされます。そのため，受験資格において日本国籍を有するかどうかが問われる場合があり，これを「国籍要件」といいます。事務系など他の地方公務員試験については，日本国籍を有しない人の受験を認めるかどうか自治体によって対応が分かれていますが，**警察官採用試験の場合は，「日本の国籍を有しない人」は受験することができません。**

なお，あまり該当する人はいないと思いますが，地方公務員法第16条の欠格条項のうち，「禁錮以上の刑に処せられ，その執行を終わるまで又はその執行を受けることがなくなるまでの者」「志望する都県において懲戒免職の処分を受け，当該処分の日から2年を経過しない者」等に該当する人も受験できませんので念のため。

警察官の採用試験って何種類もあるの？

「警察官A，B」って何？

1つの自治体の中でも，複数の採用試験があります

□ 試験のレベルと学歴要件によって分かれている

　警察官の採用試験は都道府県警察ごとに実施されています。すでに22ページでも説明してきましたが，試験のレベルと学歴要件によって，**大学卒業程度の「警察官A」**と高校卒業程度の**「警察官B」**の2つに分けているのが一般的です。そして，前者の場合，さらに警察官A（男性）と警察官A（女性）というように男性警察官と女性警察官に分けて募集している都道府県がほとんどです。ただし，警察官（女性）の場合は大卒・高卒を分けずに1つの試験で採用しているところもあるので注意してください。

　なお，都道府県の中には，2つに分けるのではなく，埼玉県のように「Ⅰ類」「Ⅱ類」「Ⅲ類」（Ⅱ類は短大卒業程度）と3つに分けているところもあります。地方公務員の場合，試験の名称とレベルの関係は右ページの表のようになっています。

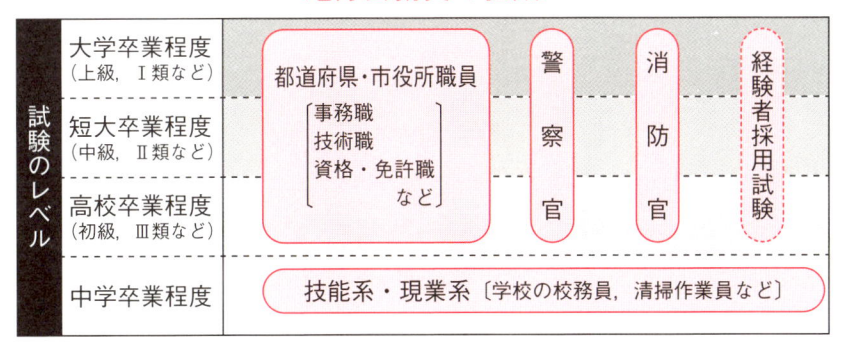

地方公務員の種類

試験のレベル	大学卒業程度 (上級，I類など)	都道府県・市役所職員 事務職 技術職 資格・免許職 など	警察官	消防官	経験者採用試験
	短大卒業程度 (中級，II類など)				
	高校卒業程度 (初級，III類など)				
	中学卒業程度	技能系・現業系〔学校の校務員，清掃作業員など〕			

◻ 試 験 区 分

　たとえば，○○県警察官（大学卒業程度）試験という1つの試験の中で，「警察官A」「警察官B」「警察官（武道）」「警察官（語学）」…というように設けられた区分を，「試験区分」といいます。

　通常，受験者は，1つの試験について1つの試験区分を選んで受験します。採用側も，この試験区分ごとに採用予定人員を決めて試験を実施します。

　試験区分は，一般的には職務内容の違い（地方公務員試験の場合は行政，土木，建築など）によって分けられていますが，例外もあります。警察官採用試験のように受験資格に学歴要件を設け，警察官Aは大卒者，警察官Bは大卒以外の者と，区分を設けて試験を実施している場合もあるのです。

Memo

経 験 者 採 用 試 験

　定期的なものではないので，毎年必ず採用試験が行われるわけではありませんが，最近は民間企業等での職務経験を持つ人を対象とした「職員採用選考考査（試験）」を実施する自治体も増えています。たとえば，ソフトウェア開発技術者またはこれに相当する資格（応用情報技術者等）を有し，かつ，民間等における3年以上の有用な職歴を有すること，を受験資格とする警視庁のサイバー犯罪捜査官などがその例です。ただし，これらは，採用対象者を特定の分野において専門的な知識および能力を備えた人に限ったものとなっています。

　また，新潟県のように，かつて警察官として勤務した経験（他都道府県警察での勤務を含む）のある退職者を対象とする職員採用選考考査を実施した例もあります。年齢や資格要件が当てはまる人はチャレンジすることを考えてみてもよいでしょう。

採用試験は
いつ行われるの？
どういう日程なの？

複数回行う ところも多いよ

都道府県ごとの 実施ですが, 年１回行うところと 複数回行うところがあります

試験の日程は大きく３つに分けられる

　警察官試験は, 都道府県ごとに実施されますが, 試験の実施回数については, 年１回実施するところと複数回（２回以上）実施するところがあります。試験の日程は, 大卒程度試験の場合, 一次試験の実施日（複数回試験を行う自治体は４月採用予定の１回目の試験の場合）によって, おおまかに**４月下旬実施の警視庁, ５月上旬実施の道府県, ７月中旬実施の県, その他の県**に分けることができます。

　右ページの表は令和５年度の警察官試験の一次試験日を調べたものですが, 大卒程度試験の場合は**約６割が５月上旬に試験を実施**を予定していました。

　なお, 高卒程度試験については, 約７割が９月中旬（令和５年度は９月17日）に, 四国と九州の大半が10月中旬（令和５年度は10月15日）にそれぞれ一次試験を実施しています。

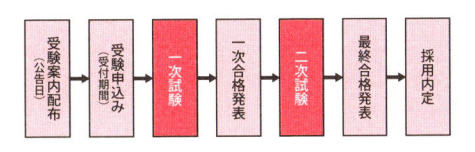

令和5年度大卒程度警察官試験の一次試験日

※同一年度内に2回以上試験のある自治体の一次試験日（主として教養試験の実施日）については，令和5年4月以降採用となる1回目の試験を取り上げた。複数回試験，共同試験を実施している自治体にそれぞれ○をつけている。

自治体名	一次試験日	複数回試験実施	共同試験実施
北海道	5/14	○	○
青森県	7/9		○
岩手県	7/9		○
宮城県	5/14	○	○
秋田県	7/9	○	○
山形県	7/9		○
福島県	5/21		○
茨城県	5/14	○	
栃木県	5/14	○	
群馬県	5/14	○	
埼玉県	5/14	○	
千葉県	5/14	○	
警視庁	4/29	○	
神奈川県	5/14	○	
山梨県	5/14	○	
長野県	5/14	○	
新潟県	5/14	○	
岐阜県	5/14	○	
静岡県	5/14	○	
愛知県	5/14	○	○
三重県	5/14	○	○
富山県	5/14	○	
石川県	7/9		
福井県	7/9		

自治体名	一次試験日	複数回試験実施	共同試験実施
滋賀県	5/14		
京都府	5/14	○	
大阪府	5/4	○	
兵庫県	5/4	○	
奈良県	5/14	○	
和歌山県	5/14	○	
鳥取県	5/14	○	○
島根県	5/14	○	○
岡山県	5/14	○	○
広島県	5/14	○	○
山口県	5/14	○	
徳島県	7/9		○
香川県	5/14		○
愛媛県	5/13・14		○
高知県	6/3		
福岡県	5/14	○	○
佐賀県	7/9		○
長崎県	7/9	○	○
熊本県	7/10		○
大分県	5/14		○
宮崎県	7/9		○
鹿児島県	5/14		○
沖縄県	7/8・9		○

□ 採用試験のスケジュール

一般的には右の図のように進んでいき，まずは，警察本部や各警察署，交番などで**受験案内（募集要項）**を入手して，受験の申込みをすることになります。申込みをすると，一次試験の前に受験票が送られてきます。

受験案内配布（公告日）→受験申込み（受付期間）→一次試験→一次合格発表→二次試験→最終合格発表→採用内定

試験内容については32ページを見てね！受験申込については30ページを見てね！

一次試験は日曜日か祝日に行われており，通常は1日で終わります。**試験会場**は自治体内の大学や高校，警察学校などを使うところが多いです。一次試験の**合格発表**は，一次試験から1週間ないし半月ぐらいの後に行われます。ウェブサイトに合格者の受験番号が掲示されますが，合格者には郵便で合格通知が届き，その中に二次試験の要項が入っています。

二次試験は平日も行われることがあり，複数日に及ぶのが一般的です。結果はウェブサイトに合格者の受験番号が掲示されるほか，二次試験の受験者全員に郵便で結果が通知されます。なお，まれに**三次試験**を行うところもあります。

ほかの都道府県の警察官や
ほかの公務員試験を受けてもいいの?

試験日さえ
重ならなければ,
自由に受けられます!

「共同試験」という制度もあります

警察官試験どうしの併願もできる!

同じ試験日の試験を同時に受験することはできませんが,**試験日が違えば,複数の都道府県警察を受けることも可能**です。また,27ページの表のように,都道府県によっては**1年に複数回採用試験を行うところもあります**。その場合は同じ都道府県をまた受験してもかまいません。受験資格や試験種目はほとんど同じなので,志望者にとってはチャンスが広がることになり,「併願」もかなりの件数が可能です。

併願もできるのでチャンスが広がるよ!

複数回試験の内容は,①時期をずらして採用試験を行うのですが,試験の翌年度の4月に一括採用されるもの,②時期をずらして採用試験を行い,採用の時期もずれているもの(試験年度の10月採用が多い)の2つに分けられます。都道府県によって第1回試験,第2回試験などと呼ばれたり,「**特別募集**」という名称が使われたりもしています。試験年度の10月採用の場合は,たとえば5月に試験を行って10月1日採用というように,年度途中の採用となるので,実質的に採用者は既卒者に限定されることになります。

共同試験

警察官(男性)の採用試験の特徴として,「**共同試験**」という試験があります。共同試験とは,いくつかの都道府県警察が協力して採用試験を実施し,受験者がその中から志望都道府県を選択して併願できる制度です(**ただし,警察**

官＜女性＞の採用試験では導入されていません）。例年，半数近くの都道府県で実施されています。その仕組みを図に即して説明すると，たとえば，Ｂ県，Ｃ県，Ｄ県，Ｅ県と共同試験を実施するＡ県の試験を受けるとします。その際に，Ｂ県も志望することを申込書に記入すれば，Ａ・Ｂ両県を同時に受験するものとして取り扱われます。Ａ県の一次試験で不合格となっても，Ｂ県に合格するということがあり，つまり，合格のチャンスが広がることを意味します。もっとも，共同試験では「志望できるのは第二志望までで，かつ受験地を第二志望にはできない」という条件がつくところがほとんどです。また，受験資格は都道府県によって異なるので，受験資格を満たす都道府県しか志望できないことにも注意しましょう。

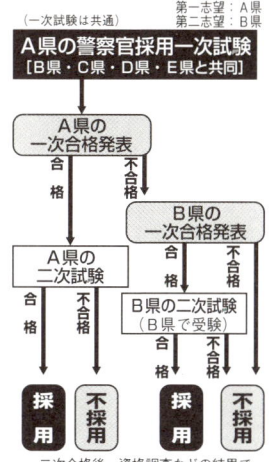

共同試験の仕組み

二次合格後，資格調査などの結果で，最終合格が決定するところもある。

◻ 公務員試験では併願するのが一般的

警察官試験だけでなく，ほかの公務員試験との併願も可能で，逆に**併願せずに志望先を１つに絞って受けている人のほうが少数派**です。

先輩たちの例を見ると，大卒程度警察官試験の受験者は，東京消防庁消防官Ｉ類試験（一次試験日は５月中〜下旬，８月下旬）や政令指定都市の消防官試験（同６月下旬）と併願している人が多いようです。

もちろん**民間企業との併願も可能**です。しかし，大学４年生の就職活動では，警察官の採用試験が始まる頃には民間企業の採用活動は終わってしまっているところが多いので，「警察官がダメだったら民間企業を受けよう」というのは難しいかもしれません。

Memo

併願していることは隠したほうがいい？

面接試験などの際に，どこを併願しているかを聞かれることがありますが，併願先は正直に答えてしまっても問題ありません。面接官も併願していることは百も承知ですから，逆に「ココしか受けていません！」と言うとうそをついていると思われてしまいかねません。ただし，「こちらが第一志望です！」という一言を必ずつけ加えてくださいね。志望順位まで正直に答える必要はありません！

申込み手続きで注意すべき点は？

締切厳守！

絶対に期限を守ること！必要書類に不備がないかも要チェック！

☐ 受験申込のスケジュール

　まずは受験案内（募集要項）を入手しましょう。その中に申込用紙が挟み込まれているので，それを使って受験の申込みをすることになります。また，自治体のウェブサイトから申込用紙をダウンロードして，それをプリントアウトするという方法もあります。また最近は，都道府県警察のホームページから直接受験申込みできる自治体が増えています。

　受験の申込みは締切日までに済ませておく必要があります。警察官試験の大半は5月と7月に実施されますが，5月実施の都道府県と7月実施の都道府県の一般的なスケジュールは次のようになっています。なお，なかには受験案内配布から申込締切までの日数があまりなかったり，申込受付期間が極端に短いところもあるので，注意が必要です。

受験案内は警察署や交番などに行けばもらえるよ

日程別の受験申込スケジュール

	5月実施の都道府県	7月実施の都道府県
受験案内配布開始	2月上旬以降	2月下旬以降
申込締切日	3月上旬〜4月下旬	5月上旬〜6月下旬
一次試験日	5月中旬の日曜日	7月上旬の日曜日

■インターネットでの申込み

　最近はインターネットでの申込みを推奨する自治体や，インターネットによる申込みに限定している自治体が増えています。

　ただ，ネットでの申込みでは，パソコンやネットワーク上のトラブルがあったり，スマートフォン・タブレット端末に対応していないことがあります。また，**郵送の場合より早く締め切られてしまう場合もある**ので，早めの対応が肝心です。

■申込用紙の記入や準備

　受験案内に記入のしかたが書かれているので，それを見て漏れなく必要事項を記入します。インターネットでダウンロードする場合には，申込用紙だけでなく受験案内もダウンロードして，プリントアウトしたものを確認したほうがミスが防げます。

　申込みの時点では顔写真が不要であっても，**一次試験の当日は受験票に顔写真を貼っていなければ受験できません**。試験直前に慌ただしくなる前に顔写真を用意しておくべきです。

■申込用紙の提出

　郵送申込が一般的ですが，警察本部等に申込用紙を直接持参する方法を認めているところもあります。ただし，持参による申込みの場合は，受付時間がかなり限られていたり，土・日曜日は受け付けないなどの制約がありますので要注意です。

　なお，申込用紙を郵送する場合は，必ず**簡易書留郵便**にします。受付期間最終日の消印のあることが受付の条件となりますので，注意してください。また，封筒の表に受験を希望する試験名を赤字で書くことも忘れないようにしましょう。

試験の中身は
どういうものなの？

重要なのは教養試験，論文試験，面接試験です

教養試験・論文試験（作文試験）・体力検査・適性検査・面接試験などが課されます

□ 試験種目はいろいろある！

警察官試験では，「教養試験」「論文試験（作文試験）」「体力検査」「適性検査」「面接試験」といったいろいろな試験が行われます。

このうち，**重要なのは教養試験**です。教養試験はすべての都道府県で一次試験の際に行われ，ここで成績上位に入らなければ二次試験に進めませんし，なんの対策もせずにスラスラ答えられるような，生やさしい内容ではないからです。

教養試験についてはPART Ⅱで詳しく説明しますので，まずは試験種目をひととおり紹介しておきます。

□ 教養試験

出題科目については，詳しくはPART Ⅱを見てね！

- 5つの選択肢から1つを選ぶ形式（五肢択一式）で行われます。
- **すべての自治体で実施されます。**
- 一次試験で実施されます。
- **一定以上の得点がないと二次試験に進めません。**
- 試験時間80〜150分，解答数40〜50問という形が一般的です。

出題される科目は，政治・経済，社会，日本史，世界史，英語，数学，物理，判断推理，数的推理など科目数が多い。

専門試験

　一般の警察官試験では専門試験は実施されませんが，たとえば埼玉県の「国際捜査Ⅰ類（中国語，ベトナム語，タイ語）」のように，語学力が求められる特殊な警察官試験では，専門試験が実施されています。

論文試験（作文試験）

・課題に対する思考力，表現力，文章構成力などを見るための試験で，主に警察官としての心構えや，治安・犯罪の現状認識，犯罪に対する意見などについて論述するものです。小社の『**元警察人事が教える！ホントの警察官論文対策**』を読んで，対策を練ることもおすすめします。
・**すべての都道府県警察で実施されています。**
・一次試験で実施されることが多いですが，採点は二次試験扱いのことが多く，**二次試験に進まなければ採点されることはありません。**
・試験時間60分〜120分，字数は800字〜1,200字程度という形が一般的です。

論文（作文）試験の出題例

・警察官に求められる「仕事に対する心構え」について論じなさい。
・最近の社会事象を踏まえ，あなたが考える警察官像を述べなさい。
・最近，印象に残った事件・事故について，その背景を述べた上で，あなたが警察官としてどのように対応していきたいか，考えを述べなさい。
・高齢者を犯罪や事故から守るには，どのような対策が必要か。
・東日本大震災のような大災害が発生した時に，警察官としてとるべき行動について，考えるところを述べなさい。

体力検査

　体力検査は一次，二次試験のいずれかまたは両方で実施され，警察官としての職務に耐えられるかを見るものです。その内容は，垂直とび，立ち幅とび，握力，腕立て伏せ，反復横とび，持久走，シャトルラン（折返し走），上体起こし（腹筋），バーピーテスト（起立状態から両手足を伸ばして四つん這いになり，また起立状態に戻る動作を繰り返すもの）などです。具体的な検査内容をホームページやYou Tubeで公開している県警もあります。

　なお，次ページの例のように，受験案内に具体的な検査の基準が書かれていることも多いのですが，その基準は都道府県により異なる場合があります。

体力検査の基準（福岡県警察の例）

検査種目	基準	
	男性	女性
反復横とび	20秒で50回以上	20秒で40回以上
握　力	左右平均45kg以上	左右平均25kg以上
腕立て伏せ	30回	15回
20mシャトルラン	65回以上	35回以上

出典：令和5年度福岡県警察官採用試験受験案内

□ 適 性 検 査 （ 性 格 検 査 ）

・警察官として職務執行上必要な素質や適性を見るもので，性格検査，適性試験の名称で行われることもあります。
・すべての自治体で実施されています。
・クレペリン検査（1ケタの数字を足していくもの）やY-G式性格検査（質問項目に「はい」「いいえ」「わからない」で答えていくもの）が一般的ですが，そのほかの検査を課すところもあります。
・対策は特に必要ありません。

□ 面 接 試 験 （ 人 物 試 験 ， 口 述 試 験 ）

・面接試験では，教養試験や論文試験では見ることのできない人物像や人柄を評価します。緊張しないでというのは無理かもしれませんが，素直に自分を表現するよう心がけるとよいと思います。受験者が1人で臨む「個別面接」のほか，受験者数人で一緒に面接を行う「集団面接」や，受験者数人でディスカッションを行う「集団討論」を実施している自治体もあります。
・個別面接はすべての自治体で実施されています。
・ほとんどの自治体では二次試験で実施されます。
・最終的に合格するためにはこの面接試験がカギになります。教養試験を最優先にしつつ，面接のことも念頭に置いて，自己分析を進めたり，時事問題や社会の動向にも目を向けておきたいところです。具体的な対策は，小社の『元面接官が教える！ホントの警察官面接対策』を参考にしてください。

□ その他の試験種目

警視庁のように国語試験を課したり，「武道」の区分では，柔道・剣道の実技などを課す自治体もあります。

この中で特に注意しなければならないのは，**警視庁で実施される国語試験**（五肢択一式，50問）で，その合格ラインはだいたい7割以上と推定されています。

この試験は，20分で50問を答えなければならないので，解答をスピードアップする必要があります。警視庁を受験する予定の人は，小社の『**警察官採用試験 漢字力7日間トレーニング**』などを使って，繰返し練習してください。

国語試験については，詳しくは付録（201ページ）を見てね！

□ 資格加点

ここ数年，柔道・剣道の段位や語学（実用英語技能検定，TOEIC，中国語検定等），簿記，IT資格に類する資格の取得者等に一次試験で一定点を加算する「**資格加点**」を導入する自治体が増えています。

Memo

採用試験の競争率は？

下に埼玉県・警視庁・神奈川県・大阪府の競争率をあげておきましたが，どの自治体もかなり高い競争率になっており，警察官採用試験の人気のほどがうかがえます。

令和4年度警察官採用試験の競争率

自治体名	種類・区分	平均	大卒程度（I類，A）	短大卒程度（II類）	高卒程度（III類，B）
埼玉県	男性警察官	13.9倍	4.5倍	24.3倍	13.0倍
	女性警察官	14.7倍	7.4倍	31.3倍	5.5倍
警視庁	男性警察官	8.2倍	6.1倍		10.3倍
	女性警察官	6.9倍	7.4倍		6.3倍
神奈川県	男性警察官	6.2倍	3.7倍		8.7倍
	女性警察官	6.4倍	4.6倍		8.2倍
大阪府	男性警察官	4.0倍	非公表		非公表
	女性警察官	3.2倍	非公表		非公表

（注）男性警察官のうち，警視庁のI類は3回の試験，III類は2回の試験の合計，埼玉県，神奈川県は2回の試験の合計で，それぞれ競争率を計算しています。

だいたい何点取れれば合格できるの?

おおよそ6～7割得点できればだいじょうぶでしょう

ただし,「合格基準」が設けられています

🔲 6～7割得点できれば一次試験はほぼ合格できる

択一式の教養試験で何点取れば合格できるかということは,受験者の多くが気になるところでしょう。でも,確固とした合格最低点（合格に必要な一番低い点）というものは存在しません。試験問題そのもののレベルや受験者全体のレベル,募集人数・受験者数などが毎年変わるので,合格最低点も毎年上下動しているからです。

とはいえ,それではサッパリわかりませんよね……。はっきりしたことはいえませんが,受験した先輩たちの自己採点をもとに類推すると,満点の6～7割得点できれば,一次試験はほぼ合格できるというのが一つの目安になっています。

🔲「合格基準」には要注意！

6～7割得点できればいいといっても,「教養試験で頑張って9割取れば,論文試験はそれほど書けなくても大丈夫！」というわけではありません。

各試験種目には「合格基準」（基準点）があって,どれか一つでもその基準に達しないものがあると,たとえ総合得点が高くても不合格となってしまうのです。

　合格基準は，満点の3～4割程度とするところが多く，教養試験，論文試験だけでなく面接試験などほかの試験種目にも設けられています。

□ 配点は，面接重視の傾向が

　警察官試験では複数の試験種目が課されているわけですが，その配点はどうなっているのでしょう。一部の自治体では試験種目ごとの配点を公表していますが，**教養試験の配点を1とすると，論文試験が0.5～1程度，面接試験が1～2程度**というのが一般的です。

面接試験については，『元面接官が教える！ホントの警察官面接対策』が詳しいよ

　面接試験の配点が高くなっていますが，面接試験は，何も対策せずにその場に臨んでしまうと，言いたいことも言えずに終わってしまうことが多いです。「聞かれたことに答えればいいんでしょ？」などと甘く考えずに，しっかりと対策を練っておく必要があります。

□ 筆記で上位に入ると有利？

　当然高い点数を取るに越したことはありません。しかしながら，実際の配点は面接のウエートが高い自治体が多いので，**いくら教養試験など筆記試験の点数がよくても，面接で逆転されてしまう可能性はあります。**

　また，最終合格者は，一次試験と二次試験の結果を総合的に検討して決定するのが普通ですが，なかには一次試験の筆記の点数は一次合格の判断材料にしか使わず，最終合格者は二次試験の結果によって決定し，最終合格に一次試験の成績は反映されない，とする自治体もあります。

　だからといって筆記試験対策の必要がないわけではありません。まずは一次試験に合格しなくては，なんにもならないわけですから。

Memo

最終合格＝採用ではない？

　公務員試験では，採用までの流れは「最終合格→採用候補者名簿に載る→採用面接→採用内定→採用」となっていて，「最終合格＝採用」ではありません。最終合格者は採用候補者として名簿に載るものの，採用が100％保証されるわけではなく，採用を辞退する人の数，欠員の状況等によって，名簿に載っても内定には至らない場合もあります。なお，名簿の有効期間は，原則として1年です。

みんなどうやって勉強してるの?

独学，通信講座，予備校・大学の講座やセミナーなど。それぞれの長所と短所と見極めて！

自分に合ったやり方が一番！

A

学習ツールを考える

学習の中心は教養試験になりますが，では具体的に教養試験の学習を進めていくとして，どういう方法を取ればいいのかは，悩ましいところでしょう。

学習のツールとしては，大きく分けると，書籍を使った独学，通信講座，予備校・大学の講座やセミナーなどがあります。

合格者はこのうちのどれか一つに絞る！というやり方ではなく，**これらをミックスしてうまく使いこなしている人が多いようです**。たとえば，独学を基本にしつつも苦手な科目は大学セミナーを利用したりとか，通信講座や予備校を軸にして不足しているところを市販の書籍で補ったりしているようです。

それでは，学習ツールごとに長所と短所を確認しておきましょう。

書籍で独学…安くつくが疑問があっても自己解決が基本

オススメ本は合格した先輩に聞くのが一番！ネットの情報も頼りになるけどうのみにしないでね

市販の書籍を使いながら，独自に勉強していく方法です。公務員試験用の問題集や基本書は数多く刊行されているので，自分のスタイルに合ったものを選んで，都合のいい時間に自分のペースで学習を進められます。また，**費用的に見ても最も安く済む**というのが利点でしょう。

難点なのは「**すべて自分でやらなくてはいけない**」ということです。独学だと，学習の途中で疑問に思うことがあっても，だれにも頼れません。また，市販の書籍では，刊行時期によっては情報が古くなっている場合があります。法改正などの最新情報についても自分で調べなくてはなりませんから，とにかく手間も労力もかかります。

🗋 通信講座…必要なものがまとまっていて使いやすいが途中で挫折しがち

公務員試験対策に必要な教材がまとめて手に入るので，**何から手を着けたらいいのかわからない人にとっては便利です**。自分の都合のいい時間に自分のペースで進めていけるうえに，疑問に思うことが出てきた場合でも質問回答のシステムを利用できますし，法改正や制度改正などの最新情報についてもフォローしてくれるので安心できます。**独学より確実で予備校などに通うより手軽**で，費用的にも5〜8万円程度と，独学と予備校の中間的な位置づけになります。

通信講座の難点は，ある程度はその講座の勉強法に合わせないといけない点です。自分の好みに合うか合わないかに関係なく大量の教材が届くので，途中で挫折してしまう人も少なくありません。ムダにしないためには，毎月の達成目標をきちんと定めて**計画的にコツコツこなしていく忍耐力が必要**でしょう。

🗋 予備校・大学の講座やセミナー…任せておけば安心できるがその分高くつく

独学や通信講座ではだらけてしまうような人でも，とにかく**学校に行きさえすれば否応なく勉強することになる**というメリットは大きいでしょう。また，学習中の疑問にも講師がすぐに答えてくれますし，法改正や制度改正などの最新情報についてもしっかりとフォローしてくれます。一人で孤独に勉強するのが苦手な人にとっては，一緒に学び合う仲間が作れるというメリットもあるでしょう。

問題となるのは費用が高くつく点です。**予備校の受講料は単発の講座でも数万円はしますし，半年間程度通う場合になると数十万円という額になるのが普通**です。また，担当している講師の質に左右されるところも大きいので，何から何までゆだねてしまうと危険ということもあります。

大学の就職課（キャリアセンター）や生協などが主催する講座は，外部の予備校よりは安いことが多いようです。自分が通う大学でそうした講座が開講されているなら，活用してみるのも一つの手です。

勉強のコツは？
みんなどのくらい
勉強してるの？

しっかり
計画を立てよう！

満点をめざさず，
勉強するテーマを絞りましょう！
学習期間は最低6か月くらいは
必要です！

☐ 細かいところは気にしない！

教養試験（五肢択一式）ではだいたい6〜7割できればいい……ということは，**3〜4割は間違ってもいい**ということでもあるわけです。

6〜7割
得点できればいい

満点をめざしても，苦労の割には報われません。というか，満点を取るのは無理！とあきらめましょう。それよりもすべての試験種目でまんべんなく6〜7割得点できるように，苦手をなくすことをめざしてください。

また，択一式の問題は，「正答が1つに絞れればいいだけ」です。**たとえすべてを知らなくても，一部分を知っているだけで間違いの選択肢だとわかることも多い**ですし，消去法を使えば正答が導けることも多いのです。

あまり細かいところにこだわると学習が進まないので，「誤りの選択肢を見抜けるだけの知識があればいいんだ」「完璧にマスターしなくてもいいんだ」という意識で学習に臨んでください。

❑ よく出ているところに絞って！

　教養試験は，出題範囲が非常に広い割には1科目当たりの出題数は少なく，科目によっては毎年出題されないものもあります。ですから，**効率よく学習する方法を考えないと，絶対に追いつきません。**

　詳しくはPART Ⅱでお話ししますが，まずはどの科目が何問くらい出ているのか，どういう問題が出ているのか，よく出題されるテーマはなんなのかというところを把握するところから始めましょう。そして，定評のある本や教材を選んで，**重要な科目にウエートを置き，頻出テーマを中心に学習していきましょう。**それが効率よく点数が取れるようになるコツです。

❑ 最低でも6か月は学習しないと…

　「どのくらい勉強すれば受かるの？」「みんなどのくらい勉強してるの？」というところも気になるとは思いますが，個人個人で基礎学力には差があるので，なんともいえないところです。

　これまでの公務員試験合格者の声を聞くと，**学習期間が10〜12か月**という層が最も多く，**1週間の平均学習時間は約50時間ですが，60時間超**という層もかなり多くなっています。ただし，警察官試験合格者に限ってみると，学習期間は10か月，1週間の学習時間は30〜40時間という層が多いようです。したがって，できれば週に40時間程度は学習時間を確保したいところで，学習期間は最低でも6か月ぐらいは必要とみるべきでしょう。

　仮に1週間に40時間とすれば，週に1日休息日を設けるとして，残りの6日間は毎日6時間以上勉強しないといけない計算になります。1日にそんなに学習時間を取れない！という人は，なるべく早い時期から学習に取り組むようにしてください。逆にいえば「1日10時間勉強するぜ！」というなら学習期間が3か月でもなんとかなる！ということにもなりますが……無理してからだを壊さないでくださいね。

警察学校ではどんなことをするの?

警察官に必要な教養・訓練を受けることになります

給与も支給されています

□ 警察学校は全寮制

最終合格後，警察官に採用されると，巡査に任命され，各都道府県の**警察学校**に入校します。警察学校は自宅から通学することができないので，全員が**全寮制の警察学校での団体生活**を経験することになります。警察学校では「採用時教養」（「初任教養」）として，**大学卒業者は6か月間，短大，高校等卒業者は10か月間**，警察官に必要な教養・訓練を受けます。

警察学校での団体生活は，規律や訓練が厳しいため，最初のうちは窮屈に感じることがあるかもしれません。

□ 授業内容

警察官の仕事は，適正な法の執行が求められているので，授業ではそのための幅広い基本的知識や専門技能を身につけます。

具体的には，憲法や刑法などの法学，交番で仕事をするために必要な実務の知識はもちろんのこと，職務倫理，社会常識などの一般教養，コンピュータ操作など職務執行に必要な基礎知識を学ぶとともに柔道・剣道，逮捕術といった犯人逮捕のために必要な体力技術の訓練やけん銃操法，救急法，自動二輪車の訓練などを学びます。

□ 柔道や剣道の経験がなくても大丈夫?

警察学校の授業では，柔道・剣道のどちらかを選択して訓練を受けることになります。ほとんどの人が未経験者ですし，それぞれの授業では，専門の教官

が基礎から訓練を行い，初心者にも無理なく身につけられるように指導しますので，不安になる必要はありません。

ロ 学 費

入校後は警察職員として必要な知識と技能を修得することが仕事ですので，学費はかからず，**給与が支給されることになります。**

ただし，学生といっても，皆さんがこれまで経験してきた学生生活とは異なり，給与を支給されながら教養，訓練を受けるわけですから，社会人としての自覚も必要です。

ロ 警察学校の勤務時間

警察学校の勤務形態は，「通常勤務制」を採用しているため，土・日曜日，休日・祝日は基本的に休みとなります。土・日（休日・祝日を含む）などに交代で行う当直勤務がない学生は，実家に帰省して家族と過ごすなど外泊も可能です。ほかに，夏季休暇，年末・年始の休暇等があります。

勤務時間以外は，警察官としての節度を守っていれば自由に過ごしてかまいませんし，原則として，自由時間には外出もできます。ただし，門限などの決まりがあります。

1日の時間表の例

6：30	起床
6：40	日朝点呼
7：30	朝食
8：30	ホームルーム
8：50	第1時限授業
10：25	第2時限授業
11：45	昼食・休憩
12：45	第3時限授業
14：20	第4時限授業
15：55	第5時限授業
18：00	夕食
18：30	自主活動
22：00	日夕点呼
22：30	消灯

＊時間割は変更となる可能性があります。
出典：千葉県警察ウェブサイト

Memo

入校前にとっておく資格はあるの？

警察学校を卒業し交番勤務につくと，事件や事故の現場に向かうときや，管内の見回りなどに利用しますので，普通自動二輪や普通自動車を運転する必要が出てきます。

運転技術の訓練自体は警察学校で行えるのですが，免許はそれぞれで取得する必要があるので，免許を持っていない人は，入校前に普通自動二輪（小型以上）や普通自動車の運転免許を取得しておいたほうがよいでしょう。

なお，学校（高校）の事情などで入校前に免許を取得することが困難な場合は，警察学校入校後，授業の後に自動車学校に通学することになります。

「警察官」と「警察事務職員」の違いって何?

警察事務職員は行政職です

交通の指導・取締りなどもできません

□ 警察官と警察事務職員の仕事はどう違うの?

　警察官とまちがえやすいものとして,「警察事務職員」(警視庁や他府県の場合は警察行政職員などの名称も使っています)がありますので,ここで少し説明しておきましょう。名称は似ていますが,警察官は「公安職」,警察事務職員は「行政職」です。

　警察事務職員は,警察本部または警察署に勤務して,警察活動を支える人事や組織管理,経理,情報管理,装備品の調達,福利厚生などの事務を通して,警察官と警察組織の両者をサポートするものです。職場は警察官と一緒でも,警察事務職員は,警察手帳も持っていないので,警察官のように犯罪捜査や犯人の逮捕,交通の指導・取締りなどを行うことはありません。

　また,警察事務職員は,都道府県が採用する地方公務員の事務系職員ですから,警察官試験とは採用試験が違います。したがって,都道府県の事務系職員(試験区分でいうと,行政など)と同様の試験対策をする必要があります。警察事務の仕事につきたいと考えている人は,本書の姉妹編である『地方上級試験早わかりブック』をご覧ください。

□ 警察事務職員の勤務地・勤務時間

　勤務地は原則,その都道府県内の警察施設です。警察本部では,警察組織全体の会計,福利厚生,情報管理や運転免許センターなどの交通行政等の業務につきます。また,警察署では,会計,福利厚生の他に風俗営業,銃砲,交通の許認可事務等の業務につきます。

勤務時間は，主に通常勤務（9時〜18時など，都道府県により異なる）ですが，業務によっては当番，非番，公休を繰り返す交替制の場合もあります。

□ 警察官と警察事務職員の給与は違うの？

警察事務職員は地方公務員の事務系の職員ですので，警察官とは給与の額も違います。警察官は「公安職」で危険の伴う仕事でもあり，他の公務員より給与も優遇されています。

警視庁警察官，警視庁警察行政職員の初任給

警察官	警察行政職員（事務）
Ⅰ類採用者 ……………………259,300円	Ⅰ類採用者 ………………約225,400円
Ⅲ類採用者 ……………………221,800円	Ⅲ類採用者 ………………約182,600円

●上記の初任給は，令和5年1月1日（職員Ⅲ類は4月1日）現在の給料月額に地域手当（20%勤務地域の場合）を加えたものです。●このほかに期末・勤勉手当（年間を通じ給料月額の4.55か月分），扶養手当，住居手当，通勤手当等が支給されます。●採用前に給与改定があった場合は，その定めるところによります。

出典：警視庁ウェブサイト

□ 警察官と警察事務職員の採用試験の
　併願は可能なの？

受験資格が満たされていれば，試験日も異なるので併願することは可能です。しかし，それぞれについて別の採用試験が実施されているため，複数の採用試験を受験することになります。警察事務職員の採用試験は，警察単独ではなく，**都道府県職員採用試験**の試験区分のひとつとして実施されていますので，注意してください。

□ 身体基準

警察官の採用試験とは違って，警察事務職員の採用試験には，身長，体重，視力などの「**身体基準**」や垂直跳び，握力，持久走などの**体力検査はありません**。

□ 警察学校

警察官ほど長い期間ではありませんが，警察事務職員として必要な基礎知識や心構えなどを身につけるため，採用時には警察学校に入校し，全寮制で約1か月間研修を行います。

警察官と同様に一般教養，法学などの授業はありますが，柔道，剣道，逮捕術などの技能訓練はありません。

もっと知りたい！警察官試験のこと

おおまかに警察官のこと，警察官の採用試験のことについて説明してきましたが，まだまだ知りたいこと，疑問に思うことは多いと思います。

それでは，これまで書き切れなかったところについて，簡単にご説明しましょう！

Q 採用試験を受けるのにお金はかかるの？

A 「無料」です

受験料が必要な市役所が話題となりましたが，これはかなりまれなケースで，警察官の採用試験は，無料で受けられます。

基本的に受験申込書の郵送費と返信用の切手代と試験会場に行くための交通費がかかる程度ですので，併願できるものについては積極的に申し込んでおいたほうがいいと思いますよ。

Q 出身学部によって有利・不利はあるの？

A あまり関係ありません

判断推理・数的推理など公務員試験独特の科目については，だれにとっても初めて学ぶことになります。これらの科目はどちらかといえば理工系学部出身者が得点源にしやすい科目ともいえますが，特に有利な学部や学科というものはありません。

実際，現役警察官の出身学部は文系も理系もありさまざまです。ただ，経歴や資格を加点する自治体があったりもしますので，資格などを持っているに越したことはないでしょう。

試験にはスーツを着ていくべき？

A 筆記試験は私服でもいいですが，面接はスーツで！

筆記試験は，夏の暑い時期に行われます。会場によっては冷房がない場合もあるので（逆に冷房が強すぎることもあります），とにかく実力を発揮できることが最優先。筆記試験の会場にスーツを着ていく必要はありませんが，ジャージ姿やあまりに露出の多い服装など，常識を疑われる格好は好ましくありません。

ただし，面接試験はスーツ（いわゆるリクルートスーツ）で受けてくださいね。

県外への転勤はありますか？

A 転勤は原則として都道府県内です

毎年，勤務地・勤務所属・勤務内容など，希望を調査する制度があり，これを基に，本人の能力や適性から総合的に判断して人事異動を行っています。

転勤は，原則として都道府県内（警察本部，警察学校，警察署，交番・駐在所）となり，勤務地については，遠距離通勤とならないように配慮していますが，なかには警察庁や他都道府県警，県庁等へ出向・派遣となる場合もあります。なお，転勤といっても必ずしも引っ越しを伴うわけではなく，近接した所属への異動の場合は，住居の引っ越しがない場合もあります。

Q 自分の受けたい都道府県警察の情報はどうやって手に入れたらいい?

A 公務員試験情報誌や都道府県警察のウェブサイトを見るのが第一歩です

ここまでのガイドでは，スムーズな理解のために各都道府県警察の試験の詳細については省いていますし，例外的な事柄については述べていません。警察官採用試験は，都道府県によって違うところがありますので，事前に志望する警察の情報を得ておく必要があります。

より詳しい情報を知りたい場合は，小社で刊行している『公務員試験オールガイド』や，公務員試験情報誌『受験ジャーナル』には，警察官試験の情報も数多く掲載されているので，ぜひチェックしてみてください。また，『大卒警察官 教養試験 過去問350』『高卒警察官 教養試験 過去問350』には，警視庁を中心として過去に出題された問題が350問収録されていますので，そちらも参考にしてください。

都道府県警察のウェブサイトは，インターネット上で検索してしまうのが一番早いでしょう。都道府県警察のサイトのおそらくトップページに「職員採用試験」や「採用Q&A」などといった項目があるので，そこからさまざまな情報が得られると思います。

高校中退ですが警察官Bを受験することはできるの? Q

A 高校中退の人も受験することができます

警察官Bは，大学（短大を除く）卒業または卒業見込みの人以外を対象とした試験です。したがって，高校中退の人も受験することができます。

筆記試験の対策がわかる！

PART Ⅱ

どんなところが出る？
教養試験の攻略法

ここでは，公務員試験で最大の難関となる筆記試験について
紹介します。筆記試験（教養試験）で出題される各科目に
ついて，どんな科目か，出題の形式，出題される範囲，
学習の重点を置くべきテーマ，学習法のポイントを解説します。
やみくもに学習に突き進む前に必見です。

教養試験ってどんな科目が出るの?

教養試験は中学・高校で学ぶような科目が出ます

教養試験の出題科目

　教養試験の出題科目は，受験案内に
「一般的知能（文章理解〔英語を含む〕，判断推理，数的推理及び資料解釈の能力）及び一般的知識（社会，人文及び自然の知識）」
「一般的な知識及び知能について」
などと表記されることが多いです。
　でもこれではわかりづらいですよね。そこで教養試験の科目構成を図にしてみました。
　まず，教養試験は，一般知能分野と一般知識分野の2つに大きく分かれます。
　一般知識分野は中学・高校までの教科に準じた科目になっているのでわかりやすいと思いますが，**一般知能分野は公務員試験独特のもの**で，科目名も初めて見るものばかりだと思います。

教養試験の出題科目

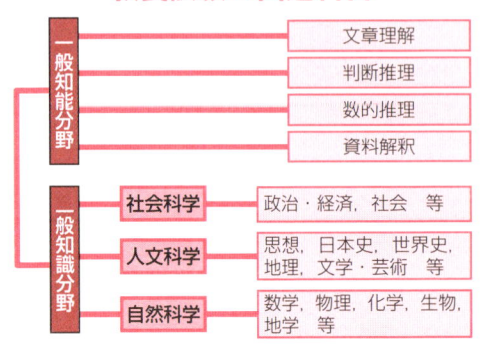

一般知能分野		文章理解
		判断推理
		数的推理
		資料解釈
一般知識分野	社会科学	政治・経済，社会　等
	人文科学	思想，日本史，世界史，地理，文学・芸術　等
	自然科学	数学，物理，化学，生物，地学　等

それぞれの科目の内容については，54〜84ページを見てね！

一般知能の科目をちょっとだけ説明しますと，**文章理解**は現代文・古文・英文などの読解力を試すもので，**判断推理・数的推理**は数学的なパズルに似たもの，**資料解釈**は表やグラフを用いた資料の読取り問題となっています。

　なお，試験問題のレベルは多少違うものの，教養試験の出題科目は大卒程度試験でも高卒程度試験でも同じです。

❑ 大卒程度警察官試験の出題タイプとは？

　大卒程度警察官試験の教養試験（択一式）は，**①5月型，②7月型，③警視庁**という3つの出題タイプに分類できます。

　この出題タイプは，出題科目や各科目の出題数が近く，共通する問題が多いものをグループ化したものです。警察官試験の場合，令和5年度は5月14日（日）と7月9日（日）に一次試験が集中し，それぞれの日に実施した自治体で共通の出題が確認されているので，実務教育出版では，これらを「5月型」「7月型」と分類しています。

　なお，警視庁や大阪府は，一次試験日にかかわらず例年独自の問題となっています。

　ちなみに高卒程度警察官試験については，9月中旬と10月中旬に一次試験を実施する自治体が多く，一次試験日，試験構成，問題内容などから，**①9月型，②10月型，③警視庁**の3つの出題タイプに分類しています。

❑ タイプが違うと学習方法も違う？

　出題タイプを分類しているのは，出題科目や科目ごとの出題数に大きな違いがある場合には，学習の進め方に影響が出るからです。自分が受ける試験で出ない科目を学習してもしかたありません。

　ただし，学習の開始時点では，出題タイプの違いはそれほど気にする必要はありません。**併願するほかの公務員試験のことも考えて，出題されている主要科目を中心に学習すべきですし，**頻出・定番の問題を解けるようにすべきだからです。

　もちろん，本書の「過去問模試」は，どの出題タイプにも対応できるような形につくられています。

教養試験では どこが大事なの？

カギを握るのは 判断推理と 数的推理です！

□ 各科目の出題数

　大卒程度警察官試験の各科目の出題数は表のとおりで，**一般知能分野と一般知識分野が大体半分ずつの出題**となっています。

　なお，警視庁・5月型・7月型など出題タイプの違いによる特徴はそれほど顕著ではありません。

教養試験の科目別出題数

＊令和4年度（5月型は元年度，7月型は30年度）の情報（警視庁については第1回試験）による。
政治・経済には法律，判断推理には図形判断を含む。

科　目	5月型	7月型	警視庁
政治・経済	8	6	5
社　　会	3	3	4
思　　想	0	1	1
日 本 史	3	2	2
世 界 史	2	2	2
地　　理	1	3	2
文学・芸術	0	1	1

科　目	5月型	7月型	警視庁
国　　語	0	0	2
数　　学	1	1	0
物　　理	1	1	1
化　　学	2	2	1
生　　物	2	2	1
地　　学	1	1	1

科　目	5月型	7月型	警視庁
英　　語	2	0	2
文章理解	9	8	8
判断推理	10	8	9
数的推理	5	6	6
資料解釈	2	2	2
合　　計	50	50	50

□ 合格ライン達成のために

　一般知能分野は，公務員試験に特有の科目ということもあって慣れないうちは苦しみますが，学習が進むにつれて得点源になってくれるので，**一般知能分野の対策を中心に据えるとよいでしょう。**

　判断推理・数的推理では8割以上正答できるようにしたいところです。2科

目は学習を積めばだれでも正答率を上げられますし，短時間で解答できるようにもなります。教養試験では，本番の試験でも時間が足りなくなるのが普通ですから，解答時間を短縮できるこの2科目は最重要です。

文章理解も出題数が多いので得意科目にできるとよいのですが，苦手な人が得意になるには時間のかかる科目なので，じっくり問題演習を重ねていくしかないでしょう。それでも現代文は2〜3問正答したいところです。

資料解釈は出題数も多くないので優先度は低くなります。

一般知識分野については，高校で履修していた科目で得点することを狙います。文系出身者なら人文科学（日本史，世界史など），理系出身者なら自然科学（数学，物理など）で得点を稼ぐことが多いようです。また，事務系志望の場合は，**社会科学（政治，経済など）が専門試験の内容と重複するので，得点源にすべきです。**3分野のうち2分野で8割の正答率をめざします。

以上のように得点を稼げれば，だいたい60〜65％の正答率に達します。もちろん人によって得意・不得意があるので，自分に合った得点計画でよいのですが，**判断推理と数的推理を得点源にするという基本は守ったほうがよいでしょう。**

◻ 各科目の傾向と対策について

次ページから，教養試験の各科目について，問題の形式，出題される内容，学習のポイントなどをまとめています。

過去に出題された問題の内容については「過去10年間の出題テーマ」として一覧表にまとめました。

①**取り上げる試験は，警視庁，5月型，7月型です。それぞれを右のように記号で表します。**

②**記号1つについて1問の出題があったことを示しますが，1つの問題で複数のテーマにまたがっている内容の場合は，複数の該当箇所に記号を配置しています。**

なお，年度・試験によっては情報が十分になく，どのような内容だったか判明していない問題もあります。

試験名と記号の凡例

試験	記号
5月型	❺
7月型	❼
警視庁 (第1回)	視

政治 傾向と対策

出題数		
5月型	7月型	警視庁
4問	4問	4問

PART Ⅲ問題

5月型・7月型
No.1〜4

警視庁
No.1〜6

高校で学習する内容がベース　憲法が中心　選挙制度や国際政治などは時事と絡んだ出題が多い

どんな問題が出るの?

日本国憲法の出題割合が高く，国際政治などの分野では時事問題と絡んだ出題も目立ちます。日本国憲法は，高校までに習った内容よりも細かい知識が問われますが，聞き慣れた用語や概念が多いため心配は不要です。また，時事問題については，政治の分野の基礎知識を前提として試験本番の前年の出来事のうち重要なものを押さえておく必要があります。

出題形式

5つの選択肢のうち正答を1つ選ぶ「単純正誤形式」が最も多くなっています。ほかには，空欄補充問題の出題も目立ちます。

出題テーマの傾向は?

全体を通じて，警察官の政治では，選挙制度，憲法の「基本的人権の適用範囲・制約」，憲法の「内閣」からの出題割合が他の試験と比較して高いことがわかります。
警視庁では，国際政治からの出題が目立ちます。また，憲法・行政法・刑法・民法の基本問題の出題が多くなっています
5月型では，憲法が出題の中心となっています。

学習のポイント

日本国憲法では，基本的人権の分野では判例，国会・内閣・裁判所といった統治機構の分野の条文の知識が重要です。頻繁に出題される知識は限られていますので，専門科目の憲法の易しめの問題も含めて，頻出の過去問知識を押さえるようにしましょう。

憲法以外の法律については，深入りするのは効率が悪いので，余裕があれば基礎知識のみを押さえる程度で十分でしょう。

また，直前期には，小社の『公務員試験速攻の時事』などを利用して時事的な知識を補充する必要があります。

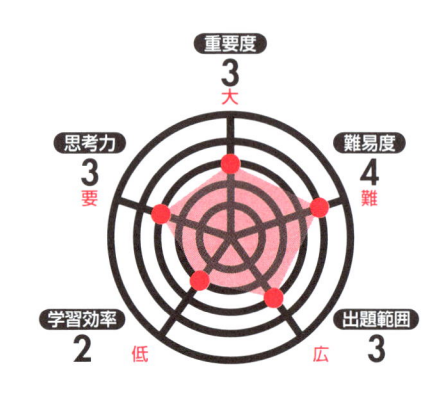

重要度　3　大
難易度　4　難
出題範囲　3　広
学習効率　2　低
思考力　3　要

政治　過去10年間の出題テーマ

出題箇所	年度	25	26	27	28	29	30	元	2	3	4
政治学	社会契約説				❺						
	国家論			❺	❺						
	政治制度			[視]							
	議院内閣制と大統領制										
	選挙制度	❺						[視]			
	日本の選挙制度				[視]						
	政党と圧力団体							❺		[視]	
	日本政治・外交史		[視]	[視]							[視]
行政学	官僚制										
	わが国の行政組織	[視]	❺					[視]	[視]		
	地方自治	❺	❺						[視]		
国際政治	国際法と国際政治	[視]			[視]		[視]				
	国際連盟と国際連合	❺									
	EU，地域機構										
	国際政治の現状と課題										
	世界各国の政治									[視]	[視]❺
法学	法学の基礎理論			❺❺							❺
	明治憲法と現行憲法										
憲法の基礎	憲法前文・最高法規		❺						[視]		
	人権の歴史的展開と体系										
基本的人権	基本的人権の適用範囲・制約						[視]❼		[視]		
	法の下の平等										
	精神的自由権	[視]		❺	[視]	❺		[視]		[視]	[視]
	経済的自由権			[視]							
	社会権・受益権・参政権					[視]				[視]	
国会	国会議員		❺								[視]
	国会の権限と衆議院の優越			[視]		[視]	❺❼				
内閣・裁判所	内閣・財政						[視]❺				
	裁判・司法	[視]❺	[視]			[視]	❺				
各法律の基本問題	行政法の基本問題				❺						
	民法の基本問題		[視]								
	刑法・刑事訴訟法の基本問題				[視]						
	その他諸法				❺						

他試験に比べて多い

（❺＝５月型，❼＝７月型，[視]＝警視庁）

経済 傾向と対策

出題数		
5月型	7月型	警視庁
3問	2問	1問
PART Ⅲ問題		
5月型・7月型		
No.5～7		
警視庁		
No.7～8		

出題内容は高校での学習内容＋α程度
専門用語と時事的な話題を押さえるのがポイント

どんな問題が出るの?

出題範囲は経済原論（市場の役割や消費者・生産者レベルで経済を見るミクロ経済学，国レベルで経済を見るマクロ経済学），財政・金融，経済史，経済事情と幅広いですが，高校の政治・経済＋α程度レベルでの出題です。

出題形式

少し難易度の高い問題については，文中の空欄に適切な語句を入れさせる形式で出題されています。

出題テーマの傾向は?

5月型・7月型では，ミクロ経済学の基礎知識を中心とする経済原論，政策効果に重きを置いた財政・金融，日本経済と第二次世界大戦後の国際経済協力に関する経済史が主要な柱となっています。経済原論と財政・金融については，時事的な話題に絡んだ特定のテーマから出題される傾向が強く，過去問と類似した問題が頻出です。経済史については，日本経済史からの出題が増えています。

警視庁では，財政・金融といった経済原論以外からの理論的な出題が続いているほか，経済原論からも周期的に出題されています。経済原論からの出題でマクロ経済学にやや偏重している傾向が見受けられる背景には，財政・金融政策の理論問題が出題の大きな柱になっていることが考えられます。なお，15年度試験以降，時事的な話題に関連した事情問題（用語問題を含む）が増えています。

学習のポイント

専門用語（経済史は主要な出来事）単位で学習するのが効果的です。用語解説的な出題が多い試験ならではのテクニックの一つです。また，理論問題では過去問との類似問題が，事情問題では時事ネタが多いので，必ず確認しておきましょう。

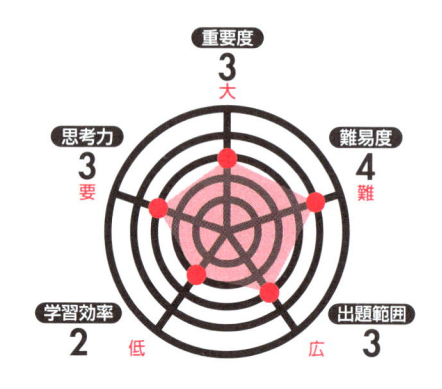

重要度 3 大
難易度 4 難
出題範囲 3 広
学習効率 2 低
思考力 3 要

経済　過去10年間の出題テーマ

出題箇所		年度 25	26	27	28	29	30	元	2	3	4
ミクロ経済学	消費者行動								[視]		❺
	生産者行動			❺							
	需要曲線と供給曲線						❼				
	市場の失敗					❺					
マクロ経済学											
	経済循環と国民所得		❺❺	[視]							
	貨幣数量説と物価変動										
	景気変動と成長理論				❺					[視]	
	政策論争							[視]			
金融	金融理論				[視]						
	金融政策論	[視]									
国際経済学	国際収支										
	外国為替の需給と為替相場										
財政	財政の役割・機能	❺									
	日本の財政	[視]			❺	[視]					
	財政政策			❺	[視]						
	租税制度			[視]		[視]					
経済史	経済史						❼			[視]	
	戦後の日本経済		❺						[視]		
	第二次世界大戦後の国際経済				[視]			[視]❺			
経済事情	日本経済事情	❺									
	日本の貿易										
	世界経済事情			❺		[視]					
	地域的経済統合		[視]				[視]				
	FTA・EPA							[視]			
経済思想・政策											
経済用語			[視]				[視]				[視]
経営用語		❺									

周期的に出題される

時事的な話題に注意

（❺＝５月型，❼＝７月型，[視]＝警視庁）

社会 傾向と対策

ニュースを問う問題が多い
模試と時事対策本を有効に活用して臨む

出題数

5月型	7月型	警視庁
2問	3問	4問

PARTⅢ問題

5月型・7月型
No.8〜9

警視庁
No.9

どんな問題が出るの?

高校の「現代社会」の範囲に加えて，試験によっては「社会学」の専門的な知識が問われます。現代社会の範囲からは情報技術，環境・エネルギー，国際社会に関する問題が頻出となっています。社会学では基礎理論とマス・コミュニケーションに関する出題例が比較的多く見られます。

出題テーマの傾向は?

5月型では，社会学の基礎理論が毎年のように出題されており，環境・エネルギーについての問題も複数回の出題実績があります。さらに，犯罪に関連する問いも出ています。警視庁など他の試験に比べて社会学からコンスタントに出題されるのが特徴です。

7月型では，科学技術・情報技術，新法・法改正などが続けて出題されています。5月型と異なり社会学の出題がありません。

警視庁は，過去の出題数が少ないので傾向を読みづらいのですが，近年は経済，技術革新，感染症，世界遺産など幅広いテーマから出題されています。

学習のポイント

出題例の多い科学技術・情報技術，環境・エネルギー，国際社会などを重点的に学んでおきましょう。

情報技術に関する問題は，用語の意味を問うもの，情報化に伴う社会の変化や社会問題を問うものが中心で，一般常識的な内容です。国際社会については海外の社会情勢や国際政治・国際経済に関するニュースが取り上げられています。新聞やニュース番組にはふだんから親しんでおき，「つかみどころがない」と感じたら，模試や時事対策本を利用するとよいでしょう。環境・エネルギー分野については，幅広い内容が問われているので，『環境・循環型社会・生物多様性白書』にざっと目をとおしておきましょう。

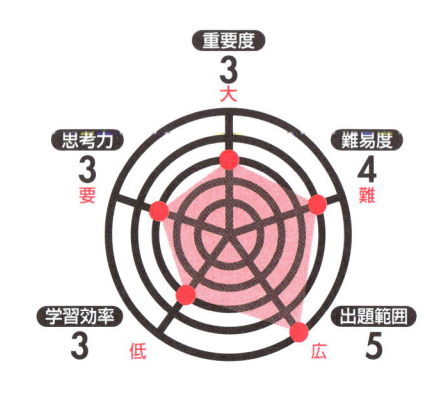

重要度 3 大
難易度 4 難
出題範囲 5 広
学習効率 3 低
思考力 3 要

社会　過去10年間の出題テーマ

出題箇所		年度 25	26	27	28	29	30	元	2	3	4
社会学	社会学の基礎理論	⑤	⑤	⑤							
	マス・コミュニケーション										
	行動の心理的メカニズム										
労働事情	就業構造の変化						[視]				
	年金・医療・介護保険制度				⑤						⑤[視]
現代社会の諸相	女性・家族							⑤			
	教育・文化・青少年問題			[視]						[視]	⑤
	犯罪・非行						⑤				
	科学技術・情報技術			[視]			[視]			[視]	
	環境・防災・エネルギー					[視]		[視]			
	農業・食料		⑤				⑦				
	高齢社会の発展			⑤							
	消費者問題		[視]								
	NPO										
	わが国社会の現状	[視]			[視]	[視]	[視]	[視]⑤	[視]	[視]	[視]
	地方自治										
	立法・法改正	[視]⑤	[視]						[視]		⑤
国際社会	国際情勢	[視]	[視]	[視]	[視]	[視]	[視]	[視]	[視]		[視]
経済事情											[視]

5月型では社会学の出題が多い

警視庁では頻出

（⑤＝５月型，⑦＝７月型，[視]＝警視庁）

日本史 傾向と対策

出題数
5月型	7月型	警視庁
2問	2問	2問

PART Ⅲ問題

5月型・7月型
No.10～11

警視庁
No.10～11

出題範囲は中学・高校で学習した日本史の内容である歴史の基礎事項が問われている

どんな問題が出るの?

警察官の日本史は，高校で学習した日本史の範囲で出題されていますが，中学レベルの易しい問題も多く含まれます。また，都道府県や市役所の試験よりも基礎知識が重視されていて，ひねった問題や難解な問題は少ないので，広く浅い学習で十分に対応できる科目です。そのため，受験者にとっては適切な学習をすれば，その成果が反映されるといえるでしょう。

出題形式

5月型・7月型，警視庁では，短文からなる5つの選択肢から正答を1つ選択する「単純正誤形式」がほとんどですが，「空欄補充形式」なども見られます。都道府県や市役所に比べると，選択肢の文章は短いものが多くなっています。警察官全体として見ると，日本史は大半が短時間で解答できるような問題が多い傾向にあります。

出題テーマの傾向は?

5月型・7月型では，古代史が出題される割合は非常に少なくなり，ここ数年で，近現代史からの出題がかなり増えてきました。5月型では少ないのですが，7月型では，テーマ別通史も出題されていますので，中世以降を重点的に学習しておくことが大切です。

警視庁では，鎌倉～江戸時代の出題が多くなっています。なお，公務員試験では同じ時代が連続して問われることはあまりありません。

学習のポイント

日本史では政治史から出題される割合が高く，基本に忠実に学習していくことが第一です。早くからノート整理をし，古代を簡単に復習したら，中世から現代までを重点的に覚えていくようにしましょう。

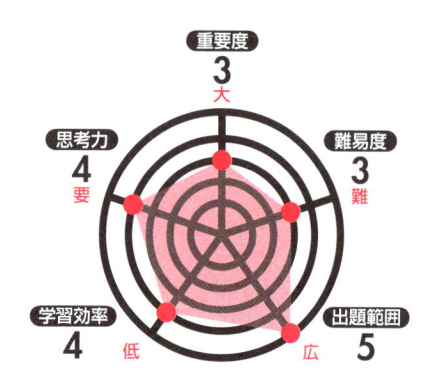

重要度 3 大
難易度 3 難
思考力 4 要
学習効率 4 低
出題範囲 5 広

日本史　過去10年間の出題テーマ

出題箇所	年度	25	26	27	28	29	30	元	2	3	4
日本文化の黎明			[視]								
奈良～平安時代	奈良時代の政治，天平文化				[視]	[視]					
	平安初期の政治					[視]					
	藤原氏の台頭，摂関政治	[視]									
	荘園の発達，院政と平氏政権		[視]								
鎌倉時代	鎌倉幕府の創設										
	執権政治		❺	[視]							
	経済の発達										
	鎌倉仏教										
室町～安土桃山時代	室町幕府の創設	❺		❺							[視]
	戦国大名・守護大名										
	勘合貿易										
	織豊政権						❼				❺
江戸時代	江戸幕府の成立と機構				❺		[視]	[視]			
	対外関係と鎖国										
	商業・都市の発展		❺						[視]		
	幕政の推移				[視]					[視]	
明治時代	開国とその影響										
	近代化のための諸改革	[視]		[視]							[視]
	日清，日露戦争と資本主義の発達	❺					[視]				
両世界大戦～現代	政党政治と大正デモクラシー							❺			❺
	ファシズムの台頭とテロ			❺				❺		[視]	
	現代				❺			[視]			
通史	外交史										
	その他通史						❺		[視]		

（❺＝５月型，❼＝７月型，[視]＝警視庁）

世界史

傾向と対策

出題数		
5月型	7月型	警視庁
2問	**2**問	**2**問

PART Ⅲ問題

5月型・7月型
No.12〜13

警視庁
No.12〜13

出題範囲は中学・高校で学習した世界史の内容である世界史上の重要な出来事が出題されやすい

どんな問題が出るの?

　高校の世界史の教科書の範囲で出題されていますが，中学の歴史の知識でも対応できる問題が出題されています。

　世界史といっても，欧米を中心とするヨーロッパの歴史と，中国・イスラムを中心とするアジアの歴史が特に出題されていますので，世界すべての国の歴史を網羅する必要はありません。

出題形式

　5つの選択肢から正答を1つ選択する「単純正誤形式」が大半を占めていますが，「空欄補充形式」，「正しい記述の組合せ」などのパターンも多く出題されています。

出題テーマの傾向は?

　5月型・7月型では，古代・中世からの出題は少ない傾向にあります。ほとんどが近代以降のヨーロッパの歴史で，第二次世界大戦後の現代社会の状況を問う問題は以前よりも減っています。

　警視庁では，ヨーロッパ諸国の国史，アジア史の出題率などが高くなっています。

中国王朝史が出題される場合とイスラム帝国が出題される場合に分かれていますので，両方に対応できるような学習が必要です。

学習のポイント

　世界史は範囲が広い科目ですので，学習する際には，欧米を中心としたヨーロッパの歴史と，中国・イスラムを中心とするアジアの歴史に分けてノート整理をしておくと便利です。ただし，地方上級・市役所の世界史ほど細かい知識は問われません。ローマ教皇，各国国王，歴史上の出来事にかかわった人物，政治家など人物を押さえて，歴史の流れを把握しておくことが重要です。

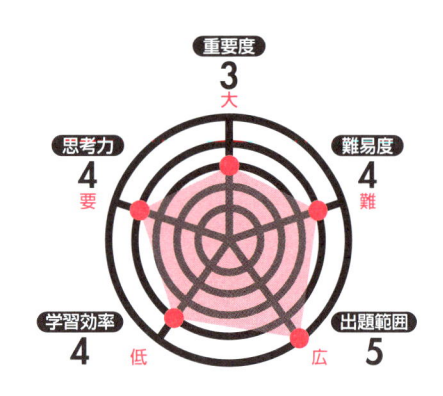

重要度 **3** 大
難易度 **4** 難
出題範囲 **5** 広
学習効率 **4** 低
思考力 **4** 要

世界史　過去10年間の出題テーマ

出題箇所		年度 25	26	27	28	29	30	元	2	3	4
古代・中世	古代史，ローマ帝国			[5]	[視]	[視]					
	古代アメリカ文明										
	十字軍・教皇権の盛衰								[視]		
	ヨーロッパの封建社会	[視]									[視]
近代化と絶対主義諸国	ルネサンス				[視]						
	ヨーロッパ人の対外進出										
	宗教改革										
	近代国家の成立					[視]					
市民革命と産業革命	イギリス革命			[視]	[5]						
	アメリカの独立と発展						[視]				
	フランス革命										
帝国主義時代	各国の状況		[5]					[視]			
	義和団事件										
世界大戦	第一次世界大戦とロシア革命							[視]	[視]		
	ヴェルサイユ体制										
	戦間期のアメリカ政治史			[視][5]							
	第二次世界大戦										
現代社会	大戦後の国際政治		[5]								
	民族運動										
	20世紀後半の世界				[5]						
アジア・イスラム	中国王朝史	[視][5]	[視]				[視]	[5]		[視]	
	中国近現代史										
	インド・朝鮮・東南アジア										
	イスラム帝国の成立と発展	[5]	[視]							[視]	[視]

警視庁では頻出

（[5]＝５月型，[視]＝警視庁）

地理 傾向と対策

出題数		
5月型	7月型	警視庁
3問	3問	2問
PART Ⅲ問題		
5月型・7月型		
No.14～15		
警視庁		
No.14～15		

出題範囲は中学・高校で学習した地理の内容である地理の基礎事項が出題されている

どんな問題が出るの?

高校の地理A・Bの教科書の範囲で出題されています。

特に、地形・気候・土壌などを中心とする自然地理、世界の農牧業・鉱工業や各国の地誌を中心とする世界地理、日本の地形・気候・産業を中心とする日本地理の分野から出題されています。

出題形式

データに関する知識を問う問題が出題されるのが地理の特色で、「単純正誤形式」に統計資料や図表、グラフが添付され、それについて考察しながら解く問題が多くなっています。

また、東南アジアや中東などの地図が掲載されて、国名と選択肢の記述を照らし合わせるような「組合せ形式」も出題されています。

出題テーマの傾向は?

5月型・7月型では、地形に関する問題が連続して出題されてきました。大地形や平野、河川の特色を問う問題が中心です。

世界の農牧業や各国地誌は2～3年に1度の割合です。

警視庁では、各国地誌、世界の地形、日本の地形や気候、産業に関する問題が出題されています。

学習のポイント

世界地理では、各国が位置する場所を覚えておくことも重要です。学習しているときに知らない国が出てきたら必ず地図帳で確認しておきましょう。さらに、地理では最新データが重要です。米・小麦・トウモロコシ・綿花などの農作物の収穫量が多い国をまとめておきましょう。同時に日本と欧米の食料自給率なども押さえておきたいものです。

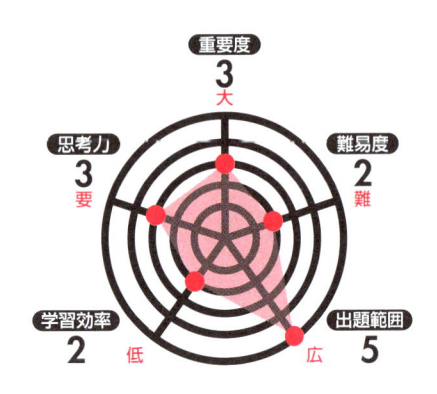

重要度 3 大
難易度 2 難
思考力 3 要
出題範囲 5 広
学習効率 2 低

地理　過去10年間の出題テーマ

出題箇所		年度 '25	26	27	28	29	30	元	2	3	4
自然地形	世界の大地形		[視]						[視]		
	海洋				[視]						
	侵食・堆積地形							[視]			
	平野・海岸地形					[視]					
	風										
	地図投影法（図法）									[視]	
気候・土壌	気候・土壌			[視]				[視]			❺
	A気候区・B気候区	[視]			[視]						
	C気候区・D気候区	[視]	❺								
農林水産業	世界の農牧業			❺							❺
	西ヨーロッパの農業									[視]	
	世界の水産業										
鉱工業	世界のエネルギー	❺									
	世界の鉱産資源								[視]		
環境問題											
各国地誌	民族・人口・都市				❺						[視]
	地図			[視]							
	国際組織・国境						[視]				
	東アジア										[視]
	東南アジア・南アジア諸国	[視]	❺	❺							
	アフリカ諸国	❺									
	ヨーロッパ諸国		❺				❼				
	オセアニア				❺		[視]				
貿易					❺		❼				
日本地理	地形	❺	[視]								
	気候						❼	❺			
	産業					[視]					

（❺＝５月型，❼＝７月型，[視]＝警視庁）

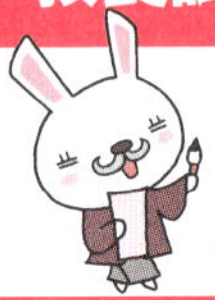

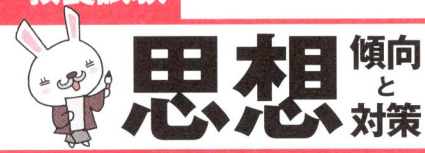

思想 傾向と対策

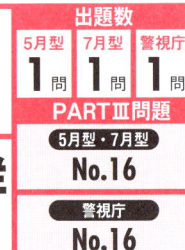

出題数

5月型	7月型	警視庁
1問	1問	1問

PARTⅢ問題

5月型・7月型 No.16

警視庁 No.16

出題範囲は高校までの学習内容である西洋思想と東洋思想の著名な哲学者を押さえる

どんな問題が出るの?

西洋思想（ヨーロッパ）と東洋思想（中国を中心にイスラム，インド，日本を含む）から出題されています。

出題形式

「正しい記述の組合せ」の問題がやや多く見受けられます。

出題範囲は広くなく，思想内容のキーワードがヒントとなって選択肢の正誤を判断できる問題が多くなっていますので，日本史や世界史よりも対処しやすい科目といえます。

出題テーマの傾向は?

5月型・7月型では，東洋思想からの出題率が高くなっています。

警視庁では，日本の思想や近代以降の西洋思想から出題されています。

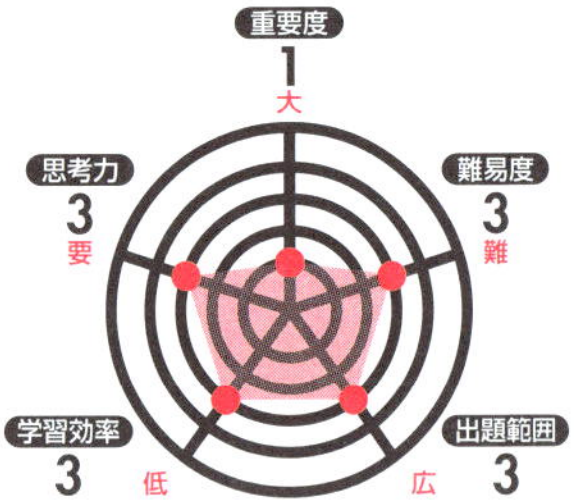

学習のポイント

哲学者・思想家と思想内容，著作名を一緒に覚えることが重要です。

思想　過去10年間の出題テーマ

出題箇所		25	26	27	28	29	30	元	2	3	4
西洋の源流思想	プラトンとアリストテレス					[5]					
	キリスト教										
西洋の近代思想	西洋近現代思想の系譜										
	大陸合理論			[視][5]							
	イギリス経験論			[視][5]							
	社会契約説										
	ドイツ観念論							[視]			
西洋の現代思想	実存主義										
	社会主義・マルクス主義										
	プラグマティズム・構造主義										
	現代思想								[視]		[視]
心理学			[視]								
東洋の思想	仏教の思想										
	諸子百家	[5]			[5]			[視]		[視]	
日本の思想	鎌倉仏教各派										
	江戸時代の諸学派						[視]				
	近代の思想家		[5]		[視]	[視]					

5月型と7月型では諸子百家が注目される

（[5]＝5月型，[視]＝警視庁）

文学・芸術 傾向と対策

出題数
5月型 **0**問 7月型 **1**問 警視庁 **1**問

PARTⅢ問題
5月型・7月型
No.17～18

警視庁
No.17

出題範囲は高校までの学習内容である 日本文学・西洋美術・西洋音楽が定番

どんな問題が出るの?

文学では，文学史の知識が問われ，日本文学・世界文学のどちらかが出題されています。芸術では，西洋美術・西洋音楽が問われます。ノーベル文学賞受賞作品と作集の組み合わせもしばしば出題されます。

出題形式

5つの選択肢から正答を1つ選択する「単純正誤形式」「正しい記述の組合せ」，「空欄補充形式」が多くなっています。

出題テーマの傾向は?

5月型では，西洋音楽が数年に1度の割合で出題されています。警視庁では，日本の古典文学・近代文学が出題頻度の高いテーマです。

学習のポイント

文学では作家の特色と作品名を確実に覚えておくことが大切です。芸術では，日本史・世界史と重複するような著名な芸術家を押さえておくことです。

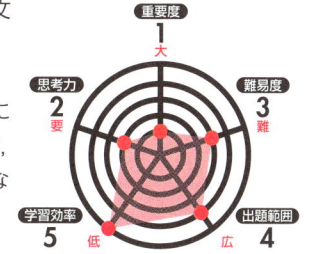

重要度 1 大
難易度 3 難
出題範囲 4 広
学習効率 5 低
思考力 2 要

文学・芸術 過去10年間の出題テーマ

出題箇所	年度	25	26	27	28	29	30	元	2	3	4
日本文学	中古文学	視	視		❺						
	中世文学						視				
	近代の文学	❺			視❺		視		視	視	視
	戦後の文学					視					
世界文学	19世紀・20世紀の文学							視			
	中国文学										
美術	世界の絵画・彫刻										
	日本の絵画・彫刻										
音楽			❺								
映画											
日本の伝統芸能											

日本文学が頻出

（❺＝5月型，視＝警視庁）

数学 傾向と対策

出題数		
5月型	7月型	警視庁
1問	1問	0問

PART Ⅲ問題

5月型・7月型
No.19

警視庁
No.21

高校の数学Ⅰからの出題が多く見られる 方程式・関数を中心に学習すべき

どんな問題が出るの?

高校の数学Ⅰの数と式，方程式，2次関数からの出題が多くなっています。座標に関するところで，直線と図形が出題されることもあります。確率や三角関数からの出題は見られません。

出題形式

問題によっては，選択肢の値を与式に代入するなどして正答を見つけ出せるものもあるので，解法パターンを知らなくてもあきらめずにやってほしいものです。ただし，基本的には，自力で解くものが多くなっています。

出題テーマの傾向は?

7月型では，関数と方程式の応用が要注意です。他の単元からの出題はほとんどありません。難易度は5月型よりもやや難しくなっています。

5月型では，直線を用いた座標上の図形の問題と整数問題が頻出で，7月型の関数とは異なった傾向にあります。とはいえ，2次関数は要注意で，方程式，数の計算を

伴ったものは対策しておきたいところです。

警視庁では，方程式，関数の分野がやはり要注意です。2次関数を中心に対策をたてておくとよいでしょう。

いずれも，出題範囲は絞られているので，今後もこの傾向が続くでしょう。

学習のポイント

出題数が1問と少なく，また数的推理との関連性のある確率などが出題されないことを考えれば，効率のよい学習をするべきです。方程式，関数を中心に例題から解法パターンを身につけ，過去問へとトライしてみましょう。

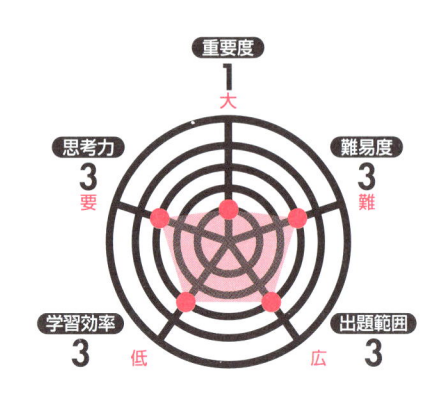

重要度 1 大
難易度 3 難
出題範囲 3 広
学習効率 3 低
思考力 3 要

数学　過去10年間の出題テーマ

出題箇所		年度 25	26	27	28	29	30	元	2	3	4
式の計算							[5]				
整数問題				[視]							
方程式	2次方程式の判別式										
方程式	2次方程式の解と係数										
方程式	円の方程式			[5]							
関数	2次関数	[5]						[5]			[5]
関数	3次関数の最大・最小										
関数	その他の関数		[視]		[5]						
図形と座標											
図形の性質と計算		[視]	[5]								

（[5]＝５月型，[視]＝警視庁）

物理 傾向と対策

出題数

5月型	7月型	警視庁
1問	1問	1問

PART Ⅲ 問題

5月型・7月型
No.20

警視庁
No.22

高校の物理の内容から出題されている
試験によって特徴がはっきりとしている

どんな問題が出るの?

　高校で学習する物理とほぼ同じ内容です。物理を選択していなかった人も多く，対策は公務員試験用のポイントと過去問集などで，効率よくやっていきましょう。力学が決して中心となっているわけではなく，計算を必要としない問題もあります。

出題形式

　5つの選択肢のうち1つの正答を答える形式が多いのですが，空欄補充や下線部の正誤を判断させるものなども少なくありません。また，計算を必要としないものや現象を問う問題も見られます。計算は公式を活用すると比較的容易に求められるものが多いので，がんばって取り組みたいものです。

出題テーマの傾向は?

　7月型では，毎年1問の出題があります。主に力学からで，なかでも力のつりあいや加速度運動からが多く，波も押さえておいたほうがよいでしょう。なお，このところ電気分野からの出題は見られません。

　5月型では，物理の出題のない年もあります。力学と電気は注意しておき，1問の出題は想定して学習しておきましょう。

　警視庁では，分野，テーマはさまざまで，過去10年間では力学が要注意です。

学習のポイント

　7月型では，力学を中心にしっかりと押さえておくことが大切です。基本問題を通して理解を深める学習方法で，ポイントを覚えておきましょう。

　5月型・警視庁では，分野を絞り込むのは難しく，また，出題の可能性も高くないので対策は立てにくいのが実情です。とはいえ，過去問を通して公式や用語の確認ぐらいはしたほうがよいでしょう。

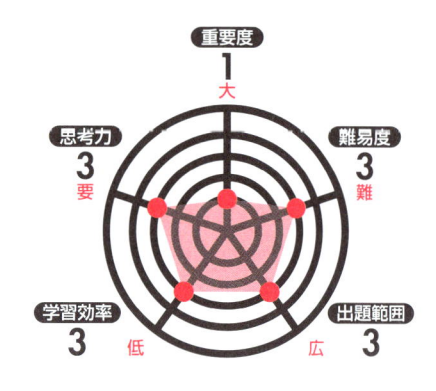

重要度 1 大
難易度 3 難
出題範囲 3
学習効率 3 低
思考力 3 要

物理　過去10年間の出題テーマ

出題箇所	年度	25	26	27	28	29	30	元	2	3	4
力学	力のつりあい	視									視
力学	弾性力・摩擦力・万有引力										
力学	剛体のつりあい										
力学	速度と加速度							視	視	視	
力学	運動の法則		5					5			
力学	加速度運動										
力学	力学的エネルギー										
力学	流体・熱						視				
波動	波の種類, 要素, 性質										
波動	音波	5					5				
波動	光波										
波動	レンズによる結像				視						
電磁気学	直流回路		視	視	5						
電磁気学	電流の熱作用										
電磁気学	電流と磁界					視					

警視庁では力学分野からの出題が増加

（5＝5月型，視＝警視庁）

PART II　教養試験の攻略法

71

化学 傾向と対策

出題数
5月型 **2**問
7月型 **2**問
警視庁 **1**問
PART Ⅲ 問題
5月型・7月型 No.21～22
警視庁 No.23

高校の化学の内容とほぼ同じ
広い範囲からは均一的に出題される

どんな問題が出るの?

高校で学習する化学とほぼ同じ内容です。幅広く出題されているうえ,科目の特徴として単元を絞った学習が難しいので,基本事項,化学理論,元素記号といったものから理解していく必要があります。計算を必要とする問題もあります。

出題形式

5つの選択肢のうち1つの正答を答える形式が多いのですが,空欄補充や下線部の正誤を判断させる形式もあり,問題は複雑になっています。化学式,化学反応式を必要とするものや,そこから計算を要するもの,性質を問われるだけのものなどバラエティに富んでいます。

出題テーマの傾向は?

7月型,5月型ともに,傾向はつかみにくくなっています。あえて取り上げるとすれば,無機化学が他の公務員試験に比べて出題されていません。一方で,生活関連の化学現象についての出題が見られます。

予想は難しいので,典型的な問題だけに広く対応できるようにしておけば十分です。

学習のポイント

基本事項から順に学習を進めていくとよいでしょう。知識を結びつけていくことで理解が深まっていきます。化学は理論の部分をしっかりさせておかないと覚えていくことさえも困難となります。対策は立てにくいのですが,計算以外,化学反応式を必要としないものなどという具合に,レベルを絞って押さえるのも方法の一つです。

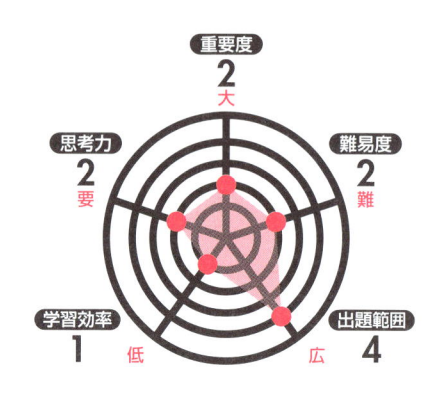

重要度 2 大
思考力 2 要
難易度 2 難
学習効率 1 低
出題範囲 4 広

化学　過去10年間の出題テーマ

出題箇所	年度	25	26	27	28	29	30	元	2	3	4
物質の構成と化学結合	物質の分類										
	化学の基礎法則										
	原子の構造						視				
	化学結合・分子間力										視
	化学量										
物質の三態	物質の状態変化										
	結晶の種類と性質										
	気体の性質		視								
	溶液の性質		5								
熱化学・化学平衡	化学反応	5								視	
	反応熱と熱化学方程式		5	視							
	化学平衡										
酸と塩基の反応	水とイオン積とpH							視			
	塩とその性質										
酸化還元反応	酸化還元反応										
	金属のイオン化傾向					視		5			
電池・電気分解	電池										
	電気分解										
元素の性質	金属元素						5	5			
	非金属元素	5		5	5			視			
無機化合物	主な無機化合物の性質										
	無機化学工業			5							
有機化合物	有機化合物の性質	視									
	有機反応										
高分子化合物						視					
生活関連の化学											

基礎的な問題の出題

(5 = 5月型，視 = 警視庁)

生物 傾向と対策

出題数
5月型	7月型	警視庁
2問	2問	1問

PART III問題
5月型・7月型
No.23〜24
警視庁
No.24

高校の生物の内容とほぼ同じ 広い範囲からの出題が見られる

どんな問題が出るの?

高校で学習する生物とほぼ同じ内容です。範囲が広く，覚える用語なども多いものの，単元に絞って学習することが可能な科目なので，覚えた量だけ得点が期待できます。各試験の傾向は押さえておきたいところです。

出題形式

空欄補充や下線部の正誤を判断させる形式もあり，形式は複雑になっています。また，グラフを読み取るものや図表を利用したものなどさまざまなものがあります。一方，計算を必要とするものはほとんど見られません。

出題テーマの傾向は?

7月型は，ホルモン，肝臓，個体群からの出題が多くなっていますが，近年はむしろ，遺伝，同化・異化（光合成・呼吸）が要注意です。とはいえ，広範囲からの出題なので，幅広い知識が必要とされます。

5月型では，7月型よりもさらに傾向がつかみづらく，すべての分野からまんべんなく出題されています。

警視庁では，広い範囲からの出題という観点では5月型と同じです。そのため，予想は難しく，遺伝，個体群・生態系などを今後注意しておくとよいでしょう。

学習のポイント

覚える量が多いので各試験の頻出単元や要注意のところを中心に進めていくとよいでしょう。用語とその意味，はたらき，現象など，興味深いものも少なくないので，覚えていくにつれて問題も解けるようになります。選択肢の正誤の判断ができるためには，ある程度全体を流して繰り返すようにしていくのがよいでしょう。

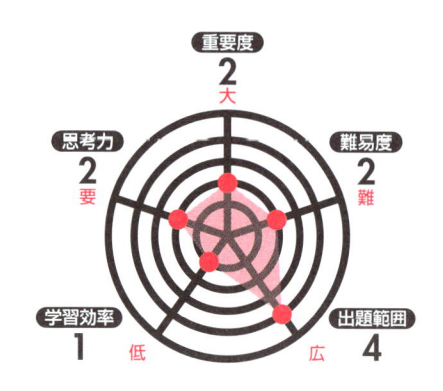

重要度 2 大
難易度 2 難
出題範囲 4 広
学習効率 1 低
思考力 2 要

生 物　過 去 10 年 間 の 出 題 テ ー マ

出題箇所　　年度		25	26	27	28	29	30	元	2	3	4
細胞	細胞のつくりと働き										
	細胞分裂										
	動物の発生						❼				
	動物の組織と器官										
遺伝と進化	遺伝の法則	視❺					視	❺			
	血液型										
	遺伝子の実体とDNA										
同化・異化	呼吸とその仕組み			❺	❺					視	
	炭酸同化										
	窒素同化と植物の栄養										
	動物の栄養と消化				視						視
体液と恒常性	体液と内部環境										
	免疫		視								
個体と調節	自律神経と調節	❺	❺								
	ホルモンと調節	❺						視			
	肝臓・腎臓の働き		視			視					
動物の行動	作働体										
	神経系										
	動物の行動										
生態と環境	個体群と生物群集										
	生態系			❺	❺			視			

（❺＝5月型，❼＝7月型，視＝警視庁）

周期的に出題される

地学 傾向と対策

出題数
5月型 1問
7月型 1問
警視庁 1問
PART Ⅲ問題
5月型・7月型
No.25

高校の地学の内容とほぼ同じ
大気中の現象と地殻の2分野をチェック

どんな問題が出るの?

高校で学習する地学とほぼ同じ内容です。しかし，選択した人も少なく，中学の理科以来の学習となる人が多いでしょう。なお，時事的な問題も出題されることがあります。

出題形式

5つの記述のうち1つの正答を答える形式が多いのですが，空欄補充や下線部の正誤を判断させる形式もあります。図やグラフを用いた問題も少なくありません。

出題テーマの傾向は?

7月型では，天文・気象学から数年続いて出題されると，次は地学（地殻や地震）から数年続いて出題といった傾向にあります。ただ，天文・気象学系は範囲が広く，絞り込むことはデータからは困難です。注意するところとしては大気中の現象，地殻と地震でしょう。

5月型では毎年出題されますが，警視庁では地学が出題されない年も多くなっています。7月型では，地殻・地震に注意しておいたほうがよいでしょう。

学習のポイント

各試験とも，1問の出題で，未習の人も多いことを考えると，いかに効率のよい学習をするかがポイントとなります。まず出題傾向をつかみ，頻出単元から学習を始めましょう。用語を覚えて，問題をやりながら（解説中心に），理解をしていくのもよいと思います。地球の異変，温暖化，地震など今や時事問題となっているものもあり，興味を持ってみると，きっと勉強も面白くなるでしょう。

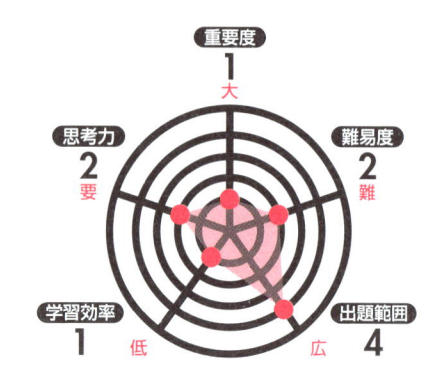

重要度 1 大
難易度 2 難
出題範囲 4 広
学習効率 1 低
思考力 2 要

地学　過去10年間の出題テーマ

出題箇所		年度 25	26	27	28	29	30	元	2	3	4
天文	地球の自転に伴う現象										
	地球の公転に伴う現象				[視]						
	恒星	[5]						[視]			
	惑星・太陽		[視]	[視]							
気象	大気中の現象										
	気圏の構造										
	太陽放射と大気の熱収支										
	大気の運動										
	大気中の水分								[視]		
	海水とその運動										
地学	地球の大きさと形						[視]				
	地層のつくりと広がり	[視]					[7]				
	火成岩				[5]					[視]	
	堆積岩										
	変成作用と変成岩										
	地震						[5]	[5]			[視]
	化石と地質時代の区分					[視]					

最頻出テーマ

（[5]＝5月型，[7]＝7月型，[視]＝警視庁）

教養試験

国語 傾向と対策

出題数

5月型	7月型	警視庁
0問	1問	2問

PART Ⅲ問題
警視庁
No.18～19

高校までに学んだ漢字力が問われる ことわざ・四字熟語などの語彙力も重要

どんな問題が出るの?

中学・高校で学んできた基本的な漢字の読み書きについて問われる科目です。ことわざ・慣用句・四字熟語や類義語・反意語などが出題されています。敬語の種類についても問われる場合があります。

出題テーマの傾向は？

警視庁では，慣用句・ことわざ，漢字の問題がよく出題され，同音異義語などが重要になっています。また，文法問題が数年おきに出題されています。

国語　過去10年間の出題テーマ

出題箇所　　年度	25	26	27	28	29	30	元	2	3	4
文法	[視]					[視]				
漢字		[視]	[視]		[視]	❺				
慣用句・ことわざ・外来語	[視]	[視]	[視]	[視][視]		[視]❼	[視]	[視][視]	[視][視]	[視][視]
敬語						❺				
古文解釈					[視]	❼				
文学史										

（❺＝５月型，❼＝７月型，[視]＝警視庁）

教養試験

英語 傾向と対策

出題数

5月型	7月型	警視庁
0問	0問	2問

PART Ⅲ問題
警視庁
No.20

高校までの英文法の基礎が問われる 中学英語でも対応できる問題もある

どんな問題が出るの?

高校までの英文法の基礎知識が問われる科目ですが，中学程度の知識で解答できる問題もあります。

最も多い形式が「空欄補充問題」です。英文法の問題が中心なので，正しい前置詞を入れるパターン等が多いのですが，短文の英文が並んだ５つの選択肢から文法的に正しいものを１つ選択する「単純正誤形式」も出題されています。

文章理解 傾向と対策

出題数
5月型	7月型	警視庁
9問	9問	8問

PART Ⅲ問題
5月型・7月型
No.26～34

警視庁
No.25～33

現代文・英文・古文の長文読解
解答時間を短縮できるかがポイント

どんな問題が出るの？　長文の内容と合致する選択肢を選ぶ「内容把握」が出題の中心です。そのほかに，文中の空欄に入る語句や文章を選ぶ「空欄補充」，分解された文章を正しい順番に並べる「文章整序」といった形式があります。

出題テーマの傾向は？　ほとんどの問題が内容把握ですが，警視庁では現代文の空欄補充と文章整序がほぼ毎年出題されます。

学習ポイント　限られた試験時間の中で，早く解答することが必要です。英文や古文は読解力をつけるには時間がかかりますが，問題演習を重ねるのが大事です。

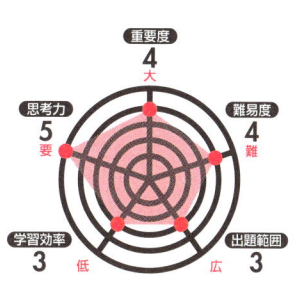

重要度 4 大
難易度 4 難
出題範囲 3 広
学習効率 3 低
思考力 5 要

文章理解　過去10年間の出題テーマ

出題箇所	年度	25	26	27	28	29	30	元	2	3	4
現代文	要旨把握（人文科学分野）	視視		視視視	視⑤	視視	視視⑦	視⑤	視視	視視	視
	要旨把握（社会科学分野）	視	視	視		視	視⑤	視	視	視視	視
	要旨把握（自然科学分野）		視		視視	視視	視⑤	視視	視	視	視視
	内容把握（人文科学分野）	⑤	視⑤⑤				⑤				
	内容把握（社会科学分野）	視⑤⑤	⑤				⑤				
	内容把握（自然科学分野）		視								
	空欄補充	視	視	視	視		視⑤	視⑤	視		視
	文章整序	視	視	視	視		視⑤	⑤	視	視	視
英文	要旨把握（人文科学分野）	⑤	⑤	⑤	⑤		⑦			視	
	要旨把握（社会科学分野）			⑤	⑤						
	要旨把握（自然科学分野）	⑤	⑤								
	内容把握（人文科学分野）	⑤⑤	⑤⑤		視	視	視視視	視視	視視		視視
	内容把握（社会科学分野）	視視	視視視	視視		視			視⑤		
	内容把握（自然科学分野）				視						
	部分訳										
	空欄補充						⑤	⑤	⑤		
	文章整序						視	⑤	⑤		
	文法・慣用句・ことわざ	⑤									
古文解釈		⑤	⑤	⑤	⑤						

警視庁では毎年出題

（⑤＝5月型，⑦＝7月型，視＝警視庁）

判断推理 傾向と対策

出題数

	5月型	7月型	警視庁
	9問	8問	9問

PART Ⅲ 問題

5月型・7月型
No.35〜43

警視庁
No.34〜42

問題の内容を『論理的』に解釈していく能力が求められています 複雑な計算技術などよりも，基本的な解法の理解・習得が鍵になります

どんな問題が出るの?

算数・数学的な内容というよりも，『脳トレ』にも取り入れられているような，クイズ・パズル的な要素が濃厚です。

難易度は決して高くはありませんが，算数や数学でほとんど学習しないような内容を扱います。

大別すると，

①文章によって示された条件に関して推測・確定する問題（言語分野）

②図形的な問題に関して推測・確定する問題（非言語分野）の2つがあり，それぞれ①＝判断推理，②＝空間把握と呼ばれることがあります。

出題形式

数的推理とは異なり，『正解の選択肢を選ぶ』とともに『消去法で正解の選択肢を決定する』ことや，『選択肢の内容を条件の一部として扱い，矛盾しないものを正答とする』などの特殊な解法も見られます。

気をつけておきたい出題テーマ

言語分野：①集合と論理，②対応関係，③

数量条件，は頻出です。典型的な問題を確実に解けるようにしましょう。

非言語分野：①平面図形の分割と構成，②展開図，③投影図，の範囲がよく出題されています。②，③については，関連づけて学習するとよいでしょう。

学習のポイント

算数・数学が苦手であっても，初めて学習する教科であるという意識を持つことで，判断推理を得意科目にすることが可能でもあります。その際，基礎練習→問題演習（過去問演習）→欠点の修正，という流れを確立するとよいでしょう。ドンドン過去問を解いていくことで，勘所に実際に触れていくという姿勢が大切です。

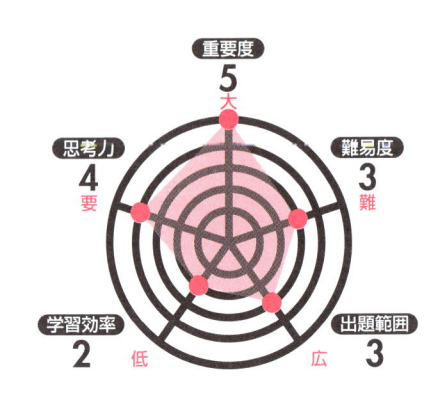

重要度 5 大
難易度 3 難
出題範囲 3 広
学習効率 2 低
思考力 4 要

判断推理　過去10年間の出題テーマ

出題箇所	年度	25	26	27	28	29	30	元	2	3	4
論理，集合の要素		[視][視]	[視]❺❺	[視]	[視]❺	[視]	[視]	[視]❺	[視][視]	[視][視]	
うそつき問題，発言からの推理			[視]				[視]❺	[視]			[視]❺
暗号			[視]				❺				
対応関係		[視]❺	❺	❺❺	[視]❺❺	[視]	[視]❺	[視]❺	[視][視]	[視][視]	[視]❺
試合形式		[視]❺				[視]	[視]❺	[視]	[視]		[視]
順序関係					[視]						[視]
数量条件からの推理		❺	❺	[視]				[視]	[視]		
時間と順序											
操作・手順		❺	[視]❺	[視][視][視]		[視][視]					[視]
方位・位置	配置	[視]❺❺	[視]❺		[視]		[視]❺	[視]❺			[視]❺
	席順						[視]			[視]	
	方位	❺									
平面図形	図形の数え上げ・回転					[視]	❺	[視]			
	図形の分割と構成	[視]	❺	❺	❺	[視][視]	❺❼	❺			❺
	折り紙										
位相と経路					[視]		[視]			[視]	[視]
軌跡				[視]❺	❺		[視]❺❼	❺		[視]	
立体の分割・構成		❺	❺		[視]❺						
正多面体			[視]				❺	[視]	[視]	[視]	
展開図		[視]	❺	[視]	❺		[視]❺❼				[視]
サイコロ											
積み木											
投影図		❺	[視]	[視]	[視]		[視]				❺
立体の切断					❺	[視]		[視]	[視]		[視]

警視庁では必ず出る

（❺＝5月型，❼＝7月型，[視]＝警視庁）

数的推理

傾向と対策

出題数

5月型	7月型	警視庁
5問	6問	6問

PART Ⅲ 問題

5月型・7月型
No.44〜48

警視庁
No.43〜48

問題の内容をすばやく理解し，適切な解法を見つけて解く能力が求められています
判断推理に比べ，複雑な計算などをより確実に処理する能力が重要になります

どんな問題が出るの?

小学校の算数，中学・高校の数学で学習した内容とほぼ同じです。

難易度は決して高くはありませんが，1問にかけられる時間が非常に短い（だいたい3〜5分）ので，より brush-up した解法で解答する姿勢が求められます。

図形の問題も出題されますが，判断推理とは異なり，数的推理では求積（長さ・角度，面積，体積などを計算して求める）問題がほとんどになっています。

出題形式

5者択一の正答選択です。ほとんどの場合，正しい解法で得た解答を選択肢の中から選ぶ，という形式になっています。

気をつけておきたい出題テーマ

①整数問題，②速さ，③平面図形，④方程式，については頻出です。典型的な問題を確実に解けるようにしましょう。

なお，確率については，近年は，条件付き確率や確率における期待値に関する出題も多くなっています。

学習のポイント

算数・数学が苦手な受験生ほど，数学＝方程式という意識が強く，解答不能のスパイラルに陥ることが多くなっています。

数的推理は数学ではない，という意識を強く持ち，『その問題に適した解法』が必ずしも方程式で解くことではないことを理解しましょう。

そして，基礎練習→問題演習（過去問演習）→欠点の修正，という流れを確立させましょう。ドンドン過去問を解いていくことで，勘所に実際に触れていくという姿勢が大切です。

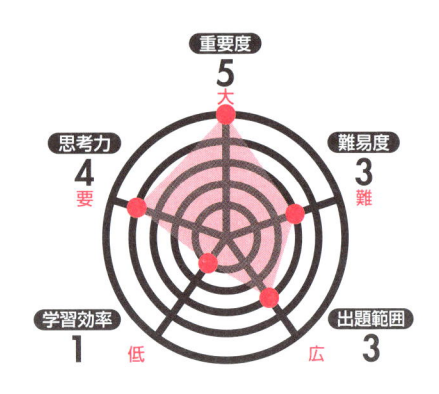

数的推理　過去10年間の出題テーマ

出題箇所		年度 25	26	27	28	29	30	元	2	3	4
方程式		[視][5]	[5]								
	年齢算					[視]					[視]
	時計算										
整数	約数・倍数		[5]	[視][視][5]	[5]	[視]	[視]	[5]			
	整数問題	[5]	[5]		[5][視]	[視]	[視]	[視][視]	[視][視]	[視][視]	
覆面算・虫食い算		[視][5]									
比・割合			[5]				[視][7]		[視]	[視]	[視][5]
	濃度				[視]						[視]
	定価と原価の関係	[視]						[視][5]			
仕事算		[視]		[5]	[視][5]	[視]					[視]
速さ・時間・距離		[視]	[視]	[視]	[視]		[視][7]	[視]			[5]
数列			[視]		[視]						
不等式の応用				[視]							
平面図形	三角形	[5]	[視]				[視]			[視]	
	多角形			[5]	[視]			[視]			
	円		[視]	[視][視]	[5]			[視]	[視]		[視]
立体図形	円すい・三角すい					[視]			[視]	[視]	
	立体の体積・容積		[視][視]		[視]				[視]	[視]	
場合の数		[5]	[5]			[5]					[視]
確率		[視]	[視]		[視]	[視]	[5][7]	[5]	[視][5]	[視]	

（[5]＝５月型，[7]＝７月型，[視]＝警視庁）

資料解釈 傾向と対策

出題数
5月型	7月型	警視庁
2問	2問	2問

PART Ⅲ問題
5月型・7月型
No.49〜50

警視庁
No.49〜50

数表や図表からデータを読み取る　計算力よりも資料の見方を身につけることが重要

どんな問題が出るの?
　数字の入った数表や，棒グラフ，折れ線グラフなどの資料が示され，その資料を正しく読み取れるかが問われます。

出題形式
　文章で示された5つの選択肢のうち，資料から読み取れることと正しく対応しているものを選ぶという形式がほとんどです。

出題テーマの傾向は?
　数表とグラフ（図表）が均等に出題されています。グラフで示されている数値はほとんどが実数・割合で，指数・構成比や増減率が出題されることは少なくなっています。

学習のポイント
　数字が示されてその正誤を問われるのですが，むやみに計算することが必要なわけではありません。選択肢をよく読むと，示された資料からは断定できないようなことも含まれています。その選択肢について計算をする必要はないのです。問題を解きながら，こうした資料の読み方を身につけることが重要です。

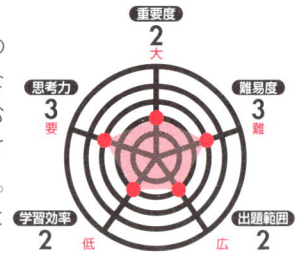

資料解釈　過去10年間の出題テーマ

出題箇所	年度	25	26	27	28	29	30	元	2	3	4
数表	実数・割合		㊖❺		㊖	㊖	❺❼	㊖❺			㊖
	指数・構成比										㊖
	増減率	㊖	㊖	㊖					㊖	㊖	
図表	実数・割合	❺	❺	㊖			❺❼	㊖❺			
	指数・構成比	㊖				㊖			㊖	㊖	
	増減率			❺	㊖						
統計の基礎											
複数の数表・図表											

警視庁は，例年，数表1題，図表1題

（❺＝5月型，❼＝7月型，㊖＝警視庁）

どんな問題が
出るのかわかる！

PART Ⅲ

キミは解けるか？
過去問の徹底研究

88ページ以降の問題を時間を計りながら解いてみましょう。
過去問からピックアップした問題ばかりなので，
初めて見る人にとっては難しいと感じられるはずです。
だれもが初めは同じです。重要なのは，
解き終わってから復習をすることです。
ここでは，解答のコツ，選択肢別の難易度，目標とすべき
「理想解答時間」，合格者ならどのくらい正答できるのかの
目安になる「合格正答率」を示すので，復習しながら
目標とするレベルがわかります。

教養試験って実際にどんな問題が出るの?

88ページ以降の過去問を見てください！問題の詳しい解説も一緒にチェックしよう！

A

▢ 警察官の過去問とは

　本書の88ページから，過去問を載せています。

　これは，**過去に大卒程度警察官試験で実際に出題された問題がベースとなっています**。繰り返し出されているテーマ，よく出る形式の問題をピックアップして，それを実際の試験に忠実な形で再現してありますので，この「徹底研究」を見れば，おおまかにどんな問題がどのくらい出ているのかということがわかってもらえると思います。

問題を見ると「うわっ！難しそう！」と感じると思うけど，みんな最初はそうなので気にしないでね！

🔲 自分の今の実力を試したい方は…「過去問集」にチャレンジ！

　警察官の過去問は，**5月型・7月型と警視庁**に分かれています。

　教養試験は「**五肢択一式**」という，5つの選択肢の中から1つだけ正しいものを選んでマークシートに記入するタイプの**問題が50問**並んでいて，**解答時間は2時間**となっています。これを実際の試験と同じように，キッチリと時間を計って解いてみてください。

　解き終わったらPARTⅣで過去問の採点をして，実力を判定しましょう。おそらく最初は「時間も足りないし全然得点できない！」ということになるとは思いますが，これから学習を積めば正答率は確実に上がっていきますし，解答時間も大幅に短縮できるようになっていきます。

　「過去問」は，もちろんある程度学習が進んでからチャレンジしてもかまいません。

🔲 問題の詳しい解説が見たい方は…　PARTⅢの「徹底研究」にGO！

PART Ⅲ 過去問の徹底研究

　解説では以下のようにさまざまな観点から過去問を1問1問分析して，感触をつかめるようにしています。

　まずはこの「徹底研究」を見てみて，「こういう問題はこうやって解くのか」「この問題を解くにはこういう知識が必要なのか」というところを確認するのもよいでしょう。

次ページからの「徹底研究」について

この問題の特徴	出題の傾向や問題のテーマや形式についての説明
選択肢の難易度	難しい選択肢，ひっかかりやすい選択肢などをピックアップ
解答のコツ	正答を導くための考え方，基本となる知識などを説明
解説	選択肢の正答・誤答の根拠を説明
理想解答時間	この問題を解くうえで目標にすべき解答時間の目安
合格者正答率	合格者ならどのくらい正答できるかの目安

「徹底研究」のページにも問題を縮小して載せてるけど，見づらかったら別冊の問題を見てね！

教養試験 5月型・7月型
政治

国家観の変遷

理想解答時間

3分

合格者正答率

90%

現代国家の機能に関する次の文中の空欄A〜Dに該当する語の組合せとして正しいものはどれか。

今後も
出題可能性は
高い

現代国家は（　A　）であるといわれるが，この場合の対概念は（　B　）である。現代国家が（　A　）への傾斜を強めつつあるのは，（　B　）が国家機能を社会秩序の保持と防衛に限定する（　C　）であったのに対し，国家が積極的にその活動範囲を拡大せざるをえない状況があるからであり，それは憲法イデオロギーとしては（　D　）の理念となって表出する。こうした国家機能の拡大は，政治における専門知識，技能の必要性を高め，このことが国家活動の中心を立法部から行政部へ移行させることとなるのである。

	A	B	C	D
1	行政国家	立法国家	夜警国家	福祉国家
2	法治国家	専制国家	夜警国家	社会国家
3	行政国家	法治国家	自由国家	社会国家
4	法治国家	立法国家	警察国家	自由国家
5	法治国家	行政国家	警察国家	福祉国家

この問題の特徴

国家観の変遷は，政治・国家に関する理論のテーマとして，5月型・7月型の試験で平成11年度から出題が集中しましたが，近年では出題されていません。しかし，今後も出題可能性は高いので十分に理解して準備しておく問題です。

穴埋め問題でもあるため正答率は，初学者で50％，受験時で90％程度であると推測できます。

解答のコツ

国家観が変遷していく流れを理解しておけば，試験の現場で思考することで正答に達することができます。

解説

A：「行政国家」が該当する。問題文の（C）の後ろにある「国家が積極的にその活動範囲を拡大せざるをえない」との記述は（A）に関するものであり，国家の活動範囲が拡大するのは主に行政の分野においてであることから推測できる。

B：「立法国家」が該当する。問題文の最初の（C）の前にある「国家機能を社会秩序の保持と防衛に限定」との記述から推測できる。

C：「夜警国家」が該当する。文脈から，問題文の2つ目の（B）の別の側面が（C）であると推測できる。

D：「福祉国家」が該当する。文脈から，問題文の（D）は実質的に（A）と同類の語であることがわかり，また，憲法イデオロギーとしての理念（自由主義，民主主義，福祉国家主義など）として表出されるものであることから推測できる。

以上から，正答は**1**である。

正答

1

議院内閣制と大統領制

理想解答時間 **3**分　合格者正答率 **80%**

> 5月型・7月型で
> 出題が集中

日本の議院内閣制とアメリカ合衆国の大統領制の異同に関する次の記述のうち，妥当なものはどれか。

1　内閣総理大臣および大統領の任期は，ともに4年であるが，大統領は任期が憲法に規定されているので，議会の議決により，その地位を失うことはない。

2　内閣総理大臣の指名は議会の議決，また，大統領の指名は国民の直接投票によって行われるが，ともに衆議院または上院の解散権を有している。

3　三権分立の面から議院内閣制と大統領制を見ると，前者には議会の不信任決議，これに対応する内閣の衆議院解散権などの憲法上の規定があり，後者より厳格に権力分立の趣旨を具現している。

4　内閣総理大臣は，法律案を提出する権限を有している。大統領は，法律案の提出権はないが，教書を議会に提出し，必要な法律の作成を勧告できる。

5　内閣総理大臣には，議会が議決した法律案を拒否する権限が与えられていない。また，大統領も外交に関する法律案を除き，同様である。

この問題の特徴

本問で出題されているアメリカの大統領制は頻出テーマです。特に本問のように，日本国憲法も採用している議院内閣制と対比することで，アメリカの大統領制の特徴が明確になるような出題形式は頻出です。

正答率は，初学者で30%，受験時で80%程度であると推測できます。

選択肢の難易度

選択肢 **1・2・3・4** は，すべて過去問で頻出の基礎知識です。**5** はやや細かいですが，正答の選択肢 **4** が簡単なので正答を選ぶのは難しくないでしょう。

解答のコツ

まずアメリカの大統領制が厳格に権力分立の趣旨を具現していること（選択肢 **3**）を思い出せれば，行政のトップである大統領が，立法を担当する上院を解散すること（**2**）や，立法手続きの一部である法案提出はできないこと（**4**）を正しく判断できるでしょう。

解説

1×　誤り。日本国憲法には内閣総理大臣については任期の規定はない。

2×　誤り。アメリカの大統領の指名は国民の間接投票によって行われる。また，アメリカの大統領は上院の解散権を有しない。

3×　誤り。議院内閣制は，内閣が議会の信任の下に成立しており，権力分立が緩やかなものとなっている。これに対し，アメリカの大統領制は，厳格に権力分立の趣旨を具現している。

4◎　正しい。本肢のとおりである。

5×　誤り。アメリカの大統領は，外交に関する法律案に限らず，議会が議決した法律案の拒否権を有している。

正答 **4**

基本的人権の歴史

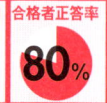

理想解答時間 **4分** 合格者正答率 **80%**

基本的人権についての考え方は大切

基本的人権の歴史に関する記述として妥当なものは次のうちどれか。

1 人権の思想が歴史的に最も早く登場したフランスの人権宣言では，人権はすべての人に認められる前提で，国家的な自然権であるととらえていた。しかし，現在では人権は憲法によってその国の国民のみに認められた国民権であるという考え方が一般的である。

2 第二次世界大戦におけるファシズムの苦い経験によって人権は法律によっても侵されてはならないとする従来の人権至上主義に対する反省が高まり，人権も議会によって定められた法律によって制約を受けるとする新たな人権思想が一般化した。

3 人権の歴史において重要な役割を果たしたワイマール憲法は，所有権や財産権などの経済的自由権は公共の福祉によって制約されうるとする伝統的な人権思想を排し，人権は何ものにも侵されてはならない絶対不可侵の権利であるという人権の絶対性を明らかにした。

4 人権宣言の歴史を振り返ると，19世紀における人権宣言は，もっぱら自由権を中心とする自由国家的人権宣言であったのに対し，20世紀以降の人権宣言は，自由権に加えて社会権をも保障する社会国家的人権宣言であるという変化を見て取ることができる。

5 資本主義の発展に伴って，精神的自由権に比べて経済的自由権の重要性が強調されるようになり，現代では精神的自由権に対しては公共の福祉による広範な規制が認められるのに対し，経済的自由権を規制する立法については厳しい司法審査が行われるようになった。

この問題の特徴

　基本的人権の歴史的展開と体系は，それ自体としては出題がそれほど多くはありませんが，出題数の多い憲法の基本的人権の分野の理解を深めるうえで役立ちます。

選択肢の難易度

　選択肢1と2は，基本的人権の性質についての理解ができていれば判断できるでしょう。3と4は，過去問でもよく出題される基礎知識です。5はやや細かい知識です。

解説

1×　誤り。基本的人権の思想は，1628年のイギリスの権利請願に始まるといわれる。また現在の人権は，人間であるがゆえに認められたものとされ，その主体を国民に限定するものではない。

2×　誤り。人権も議会によって定められた法律によって制約を受けるとする人権思想は，資本主義と私有財産制が生み出したさまざまな社会矛盾の解決が国家に求められてきたことから一般化した。本肢にあるようなファシズムの苦い経験とは関係ない。

3×　誤り。1919年のワイマール憲法は，世界で初めて社会権を規定した憲法である。

4◎　正しい。本肢のとおりである。

5×　誤り。精神的自由権は経済的自由権よりも優位にあるとされる。よって，現代では，精神的自由権に対する公共の福祉による広範な規制は，経済的自由権に対する制約と比較して認められにくく，また，精神的自由権を規制する立法については厳しい司法審査が行われるのに対し，経済的自由権を規制する立法に対しては緩やかな司法審査が行われるとされる。

正答 **4**

No.4 民法の基礎

理想解答時間 3分　合格者正答率 60%

未成年者の法的地位に関する記述として，妥当なものはどれか。

生活に密接な分野から出題されることが多い

1 未成年者が法律行為をするには，たとえ他人から贈与を受けたりするような単に権利を得るような場合でも，法定代理人の同意を必要とする。

2 未成年者の労働契約は，法定代理人が本人に代わって締結しなければならず，未成年者自身はすることができない。

3 未成年者が営利を目的とする事業を行う場合は，法定代理人の同意だけでなく家庭裁判所の許可が必要である。

4 未成年者は，年齢にかかわらず，たとえ父または母の同意があったとしても婚姻することができない。

5 未成年者が成年者であることを相手方に信じさせるため詐術を用いて結んだ契約については，未成年を理由に取り消すことができる。

この問題の特徴

各法律の基本問題の分野には，行政法，民法，刑法，労働法などがありますが，7月型では民法が比較的多く出題されています。

教養試験の対策として民法にまで手が回る人は少ないはずです。しかし，教養試験で出題される民法は，生活に密接な分野から出題されることが多いので，余裕のある人は，生活に密接な分野だけでも押さえておくとよいでしょう。

正答率は，初学者で30%，受験時で60%程度であると推測できます。

選択肢の難易度

選択肢1・2・3・5は民法の条文の知識がないと判断しにくいです。選択肢4は法改正のポイントの一つであり，日常生活においても多くの関心が向けられる知識ですが，知識の整理ができていない場合意外に自信をもって選択できないかもしれません。

解説

1× 誤り。未成年者の単に権利を得るだけの法律行為に関しては，法定代理人の同意は不要である。

2× 誤り。未成年者の労働契約の締結は，法定代理人の許可があれば，未成年者本人がすることができる。

3× 誤り。未成年者が営利を目的とする事業を行う場合は，法定代理人の許可があれば足り，家庭裁判所の許可は不要である。

4◎ 正しい。2022年4月1日の成年年齢の18歳引き下げと同時に婚姻年齢も男女とも18歳以上となり，未成年の婚姻の規定はなくなった。また18歳であれば父母の同意なく婚姻できることとなった。ただし同日に既に16歳の女性は経過措置として引き続き18歳未満で父母の同意のもと婚姻することができる。

5× 誤り。詐術を用いる未成年者を保護する必要はなく，むしろ相手方を保護する必要があるので，取り消すことはできない。

正答 4

PART III 過去問の徹底研究

無差別曲線

理想解答時間 **2分**　合格者正答率 **70%**

周期的に出題されているテーマ

次の図の無差別曲線に関する記述のうち，妥当なものはどれか。

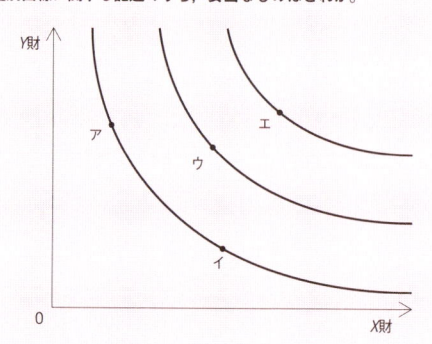

1　無差別曲線上のア，イ，ウの効用は等しくなっている。

2　アのほうがウよりも効用は大きくなっている。

3　イのほうがウよりも効用は大きくなっている。

4　イのほうがエよりも効用は大きくなっている。

5　エのほうがウよりも効用は大きくなっている。

この問題の特徴

　無差別曲線は，5月型・7月型において，周期的に出題されているテーマの一つです。

　高校での学習範囲を超えるので，学習開始時点で正答できる人は15%程度でしょうが，基本中の基本といえる問題だけに，受験時には100%正答できるようにしたいものです。

解答のコツ

　問題文には，いろいろな形でヒントが隠されているものです。そのヒントを見つけ出すのも，正答率を高める一つの工夫です。

　本問は無差別曲線の性質に関するものですが，無差別曲線が同じ効用水準を満たす消費量の組合せを示す軌跡だということさえ思い出せば，細かな性質を知らなくても正答できます。

　たとえば，選択肢1が正しいとすれば，なんのために描かれている曲線なのかわからなくなってしまいます。また選択肢2が正しいとすれば，選択肢3も正しくなるといった具合です。このように，選択肢間の関係もヒントを得る一つの方法です。

解説

1× 誤り。ウは，アとイがある無差別曲線とは異なる無差別曲線上にあるので，効用は異なる。

2× 誤り。一般に，原点より遠い無差別曲線ほど高い効用であることを示す。

3× 誤り。2の解説を参照。

4× 誤り。2の解説を参照。

5◎ 正しい。

正答 **5**

No.6 需給均衡点

理想解答時間 **2分**

合格者正答率 **70%**

需要面において購買量が増加し，技術革新の結果，供給面において生産費が下がった場合，図中Fの需給均衡点はどうなるか。

需要曲線と供給曲線のシフトは不可欠

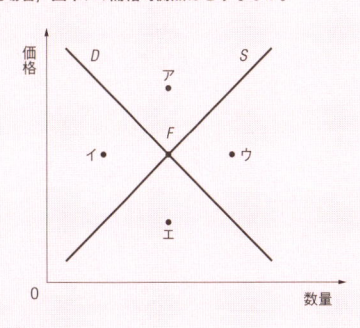

1　点アに移動する。
2　点イに移動する。
3　点ウに移動する。
4　点エに移動する。
5　移動しない。

この問題の特徴

　市場均衡は，5月型・7月型において，周期的に出題されているテーマの一つです。

　本問は，需要曲線と供給曲線のシフトを問うており，そのことが明示的に示されていないため，難しくなっています。学習時点で正答できる人は20%程度でしょう。しかし，需要曲線と供給曲線のシフトは経済学（理論問題）を考えるうえで不可欠なので，正答できるようにしたいものです。

解答のコツ

　問題を見てすぐに選択肢1から順番に検討していく受験者がいますが，与えられた図などをそのまま受け入れるのはあまり得策ではありません。

　本問の場合，点ア～エは需給均衡点だということがわかっているのですから，これらの点で交差する需要曲線と供給曲線を描いてみます。すると，需要面での購買量の増加が需要曲線をどのようにシフトさせるか，技術革新が供給曲線をどのようにシフトさせるかという問題になっていることに気づくはずです。

解説

　需要面で購買量が増加すると，需要曲線は右へシフトする。また，技術進歩が起きると，供給曲線が右へシフトする。よって，需要曲線と供給曲線の交点も右方向へシフトする。

　よって，正答は**3**である。

正答 **3**

金融政策

理想解答時間
2分

合格者正答率
70%

金融政策に関する次の記述のうち，妥当なものはどれか。

**5月型・7月型の
頻出テーマ**

1 景気が過熱しているときは金融緩和政策をとり，不況のときは金融引締め政策をとるのが望ましい。

2 公債発行は，金融引締めの効果を持つ。

3 公定歩合の引上げは，貨幣供給量の増加につながる。

4 売りオペレーションは，貨幣供給量の減少につながる。

5 公債発行は，特定産業への資金の供給または規制のために行われる金融政策である。

この問題の特徴

　金融政策は，5月型・7月型で，集中的に出題されることがあるテーマの一つであり，警視庁でも，忘れた頃に出題されるテーマです。

　本問では，貨幣供給量の増加・減少や金融緩和・引締めなどの用語を煩雑に使うことによって，難易度が高められています。しかし，高校での学習範囲でもあることから，学習開始時に正答できる人は30%程度いるでしょう。

解答のコツ

　公務員試験で出される問題（選択肢）には，複数の誤りが含まれていることがあります。そして，多くの場合，その一つさえわかればよいので，正しいものを探すというより，誤りを探すつもりで検討するのも一つの工夫です。

　たとえば，選択肢**5**には，「公債発行は特定産業への資金の供給または規制のために行われる」という誤りと，「公債発行は金融政策である」という誤りが含まれています。試験当日には，この2つのうちどちらか一方を指摘できればよいのです。

解説

1× 誤り。景気過熱時には金融引締め政策を，不況時には金融緩和政策をとるのが望ましい。

2× 誤り。公債発行は一般に金融引締めの効果を持たず，日本銀行引受けによる公債発行の場合には，金融緩和の効果を持つ。

3× 誤り。公定歩合の引上げは貨幣供給量の減少につながる。（現在日本では公定歩合操作は行われていない）。

4◎ 正しい。

5× 誤り。公債発行は政府の財源不足を補うために行われるものであり，財政政策である。

正答
4

労働問題

理想解答時間 **2**分　合格者正答率 **75**%

わが国の労働に関する次の記述のうち，妥当なものはどれか。

1 労働力人口比率は長期的に見て低下傾向にあるが，2022年は年平均62.5%であり2010年の割合を上回った。

2 役員を除く雇用者に占める非正規雇用者の割合は，2022年平均で25.9%であり，2017年以降6年連続で低下している。

3 2022平均の完全失業率を年齢階層別にみると，45〜54歳の値が他の年代に比して高くなっており，中高年齢者を対象に整理解雇が多発していることがうかがえる。

4 2022年における一般労働者の平均所定内給与額をみると，男性の給与水準を100としたとき，女性は約50程度にとどまった。

5 障害者の雇用状況をみると，民間企業に雇用されている障害者の数は年々増加傾向にあるが，法定雇用率2.3%に対して実雇用率は低く，2021年，2022年とも1.0%を下回っている。

「新法・法改正」やニュースにも注意

この問題の特徴

本問は，警察官の試験に多く見られる労働事情をテーマとしています。労働力人口比率，完全失業率などの基礎的な論点以外に，男女の均等，障害者の雇用など，発展的な論点も含まれています。受験時の正答率は70%程度と考えられます。

労働に関する問題を攻略するためには，本問で問われているような数値的な知識のほかに，新法・法改正やニュースなどにも注意する必要があります。

選択肢の難易度

選択肢**1**，**2**，**3**は基礎的な内容で，一般的な時事対策をしていれば容易に正誤の判断がつくでしょう。**1**が正解なので，問題をざっと見て，なるべくこの段階で解き終ることが望ましいといえます。選択肢**4**，**5**では，やや発展的な論点を扱っています。

解説

1◎ 正しい。2010年は59.6%であった。男性が低下傾向にあるが，女性の上昇が大きい。長期的低下は，おもに高齢化によるものと考えられる。

2× 誤り。非正規雇用者（統計上は『非正規の職員・従業員』）の割合は36.9%（2022年）である。

3× 誤り。2022年平均の完全失業率は2.6%であったが，若年者（15〜24歳）が全年齢層で最も高い。中高年齢層は45〜54歳で最低となるなど全体的に低い値である。

4× 誤り。2022年の女性一般労働者の給与水準は75.7であり，所定内給与における男女の差は長期的に縮小傾向にある。

5× 誤り。2011年から11年連続で上昇し，2022年は2.25%（過去最高）であった。雇用者数は20年連続の増加，法定雇用率達成企業の割合は48.3%である。

PART Ⅲ

過去問の徹底研究

正答
1

環境問題

理想解答時間
3分

合格者正答率
70%

> 頻出テーマだが
> 難易度は高い

地球環境問題に関する次の記述のうち，妥当なものはどれか。

1　持続可能な開発とは，「現在の世代の欲求を抑制することで，将来の世代の欲求を満足させるよう仕向けるような開発」を意味する。

2　ラムサール条約は，野生動植物の国際取引を制限することで，絶滅のおそれのある種の保存をはかることを目的とする条約である。

3　ワシントン条約は，生物の多様性の保全と，生物の遺伝資源の利用から生じる利益の公正な配分を目指して締結されたものである。

4　カルタヘナ議定書は，バイオテクノロジーにより改変された生物（遺伝子組み換え生物など）の安全な移送，取扱い及び利用について規定するものである。

5　フロン類，ハロン，臭化メチルなどの物質が雲に溶けこみ，雨や雪に付着して地上へ戻ってくる酸性雨は，日本全国で広く観測されている。

この問題の特徴

近年，多くの公務員試験では環境問題の出題傾向が変化しています。以前は地球温暖化に関する細かい知識を問う問題が主流でしたが，最近はもっと幅広い知識が問われるようになっています。本問は環境用語，条約，地球温暖化以外の環境問題などについて，基礎的な知識を問うものです。難しく感じるようであれば，環境問題の基礎を学びなおす必要があるでしょう。

解答のコツ

選択肢**1**はいわゆる引っ掛け問題であり，細かい部分まで読む必要がありますが，残りの**2**，**3**，**4**，**5**はいずれも比較的基礎的な内容です。主な環境問題の発生原因や，環境・生物多様性関連の条約名は，必ずおさえておきましょう。

解説

1×　誤り。"持続可能な開発"は，環境の開発に関する世界委員会の報告書（1987年）で取り上げられた言葉。「将来の世代の欲求を満たしつつ，現在の世代の欲求も満足させるような開発」を意味する。

2×　誤り。本肢の説明はワシントン条約に関するもの。ラムサール条約は，特に水鳥の生息地として国際的に重要な湿地及びその動植物の保全を促進することを目的とする条約である。

3×　誤り。この記述は生物多様性条約について述べたものである。ワシントン条約については，選択肢**2**の問題文と解説を参照のこと。

4◎　正しい。

5×　誤り。酸性雨の原因になるのは，二酸化硫黄，窒素酸化物などの大気汚染物質である。フロン類，ハロン，臭化メチルなどは，オゾン層破壊の原因物質である。

正答
4

平安時代前期

理想解答時間 **1分** | 合格者正答率 **60%**

平安時代前期に関する記述として，妥当なものは次のうちどれか。

1 藤原氏の北家は承和の変や応天門の変を通じて他氏を排斥するとともに，摂政・関白を独占してその勢力を拡大していった。

2 弘仁・貞観期には従来の唐風の文化に代わり国風の文化が盛んになり，『続日本紀』などのいわゆる六国史は仮名で書かれた。

3 嵯峨天皇の頃には，田地の不足が目立ち始め公地公民制が崩れ出したため，三世一身法や墾田永年私財法を発して貴族や農民に開墾を奨励した。

4 平安京に遷都した桓武天皇は，国分寺建立の詔を出して鎮護国家の体制を整えるとともに阿倍比羅夫に命じて蝦夷を討伐した。

5 菅原道真は，清和天皇により藤原氏の勢力を抑えるために太政大臣に登用されたが，藤原道長の策謀による安和の変で失脚した。

> **平安時代は政治面よりも文化面が重要**

この問題の特徴

平安時代が出題される割合はそれほど高くありませんが，平安時代の文化はテーマ別通史問題として頻繁に出題されています。

選択肢の難易度

選択肢**1・5**は，これまでほとんど出題されていない内容ですが，藤原氏の他氏排斥の過程では見逃せない内容です。

解答のコツ

3で三世一身法や墾田永年私財法など奈良時代の土地政策が記され，同様に**4**でも鎮護国家体制が整えられた奈良時代の内容が記されています。**5**の菅原道真と藤原道長が同時代の人物でないことがわかれば，選択肢を絞り込めます。

解説

1◎ 正しい。藤原氏の北家の藤原良房が承和の変（842年），応天門の変（866年）で他氏を排斥し，摂政・関白を独占した。

2× 誤り。弘仁・貞観文化は平安初期，中国の唐の影響を受け，真言宗・天台宗の密教が盛んになった文化である。この時代に『続日本紀』など6つの勅撰の日本史（六国史）が編纂されたが，漢文・編年体で記述されている。国風の文化は弘仁・貞観文化の後に見られた日本独自の文化である。

3× 誤り。嵯峨天皇は9世紀初めに即位した天皇である。三世一身法の制定は723年で，奈良時代の元正天皇時代，墾田永年私財法の制定は743年で，奈良時代の聖武天皇時代である。

4× 誤り。国分寺建立の詔を出して鎮護国家体制を整えたのは奈良時代の聖武天皇。桓武天皇の命で蝦夷討伐したのは坂上田村麻呂である。阿倍比羅夫は飛鳥時代に蝦夷討伐を行った人物である。

5× 誤り。菅原道真は9世紀末の醍醐天皇の時代に右大臣に登用されたが，901年に左大臣藤原時平の策謀で太宰府に左遷された。安和の変（969年）は関白の藤原実頼の策謀で左大臣源高明が大宰府に左遷された事件である。清和天皇は9世紀半ばの天皇である。

正答 1

PART **III**
過去問の徹底研究

幕藩体制確立期の制度

理想解答時間 **1分**　合格者正答率 **70%**

江戸時代初期，幕藩体制の確立期に幕府によって定められた制度について，正しく述べているものは次のうちどれか。

> 江戸時代は
> 最重要テーマ

1　大名に対しては親藩・譜代・外様の区別が行われ，外様大名だけに参勤交代を義務づけた。

2　朝廷や寺社に対しては広大な領地を与え，また寺社の格付けや僧侶らの任命権を天皇にゆだねた。

3　農民に対しては日常生活にまで厳しい統制を加え，租税は原則として金納で課した。

4　幕政は老中を中心として行われ，若年寄，大目付，目付のほかに寺社・町・勘定の三奉行が置かれた。これらの役職には譜代大名や旗本らが就いた。

5　鎖国を行い，外国との貿易は長崎および平戸の2港に制限し，交易国としてオランダのみを許可した。

この問題の特徴

　江戸時代は最重要テーマです。幕政を中心に出題されていますが，徳川家によって維持された期間が長いぶん，文化面，社会面，経済面，外交面など多様な問題が出題されている時代です。

　本問は徳川家康から3代将軍家光の頃までの設問で，幕府と藩による幕藩体制の内容が問われています。

　出題形式はほとんどが「単純正誤形式」です。

選択肢の難易度

　本問で問われている内容は江戸時代の基礎事項です。

解答のコツ

　江戸幕府は1615年に武家諸法度と禁中並公家諸法度を出して，大名，朝廷に厳しい規制を加えます。また重要役職や地方組織を明確にして，幕府の権限を強化します。農民にも年貢納入の際に五人組の制度を課すなど負担を重くしています。

解説

1×　誤り。1635年に制定された参勤交代の制度は，親藩・譜代・外様大名のすべてに義務づけられた。

2×　誤り。禁中並公家諸法度により天皇は規制を加えられ，寺社も寺社奉行の監視下に置かれたので，朝廷・寺社とも権限は制限されていた。

3×　誤り。農民は慶安の触書（1649年）で日常生活に統制が加えられ，租税は金納ではなく，米納であった。

4◎　正しい。老中，若年寄，寺社奉行は譜代大名から選任され，大目付，目付，町奉行，勘定奉行は旗本から選任された。

5×　誤り。鎖国体制がとられ，交易国はオランダと中国に限定され，貿易は長崎の出島で行われた。

正答 **4**

教養試験 5月型・7月型
世界史

十字軍の影響

理想解答時間 **1**分　合格者正答率 **70**%

十字軍の影響に関する次の記述のうち，妥当なものはどれか。

1　十字軍遠征当初はローマ教皇の権力は絶頂期を迎えていたが，その後，教皇の権力は衰退していった。

2　十字軍遠征に従軍した騎士階級が活躍し，この遠征によって騎士階級の勢力が拡大した。

3　十字軍遠征によってイスラームと戦うようになった結果，北イタリアの諸都市は東方貿易で打撃を受けることになった。

4　十字軍遠征を指揮した国王たちはイスラーム勢力を破ることができず，その権威が低下した。

5　十字軍遠征によってヨーロッパとビザンツ帝国やイスラーム世界との文化的な交流がとだえることになった。

中世史では出題される割合が高いテーマ

この問題の特徴

十字軍遠征は中世ヨーロッパの一大イベントと称されるほどの出来事で，公務員試験でも，中世史の分野では出題される割合が高いテーマです。

十字軍遠征のきっかけ（ビザンツ皇帝からの救援要請）についてや，第1回から第7回までの十字軍のそれぞれについて問われる場合と本問のように十字軍遠征のその後の社会への影響が問われる場合などさまざまな出題が見られます。

出題形式はほとんどが「単純正誤形式」です。

解答のコツ

十字軍の影響面が問われていますが，基本は遠征を提唱したローマ教皇の権限が遠征の失敗という現実によって低下してしまう点と，これとは反対に遠征に参加した国王たちの権限が拡大する点を理解することです。第4回十字軍以降，宗教的な情熱が失われ，参戦した騎士階級も没落していきました。

解説

1◎　正しい。ローマ教皇ウルバヌス2世によって提唱された十字軍遠征は，1270年の第7回遠征を最後に失敗に終わると，教皇の権力も衰退していった。

2×　誤り。十字軍遠征に従軍した騎士階級の間では第2回遠征以降から第1回当初の情熱が失われ，利権争いなども生じたことから没落した。

3×　誤り。ヴェネツィアに代表される北イタリアの諸都市は東方貿易による富を集中させ，繁栄していった。

4×　誤り。十字軍遠征を指揮した国王の権威は高まった。

5×　誤り。人と物の移動が活発になった十字軍遠征により，ビザンツ帝国やイスラーム世界との文化的な交流が広がっていった。

PART III 過去問の徹底研究

正答 **1**

中国近代化の過程

理想解答時間 1分　合格者正答率 50%

次は中国における近代化の過程で起こった事項を列挙したものであるが, これらに関する説明として妥当なものはどれか。

1840～42年	アヘン戦争
1851～64年	太平天国樹立
1898年	戊戌の政変
1900～01年	義和団事件
1905年	中国同盟会結成
1911年	辛亥革命
1919年	五・四運動

中国史が
出題される
割合は高い

1 アヘン戦争に敗退した清は, イギリスに香港, マカオ, 広州を割譲したが, いずれも100年以上たって返還された。

2 太平天国は「扶清滅洋」を叫んで, 外国人と外国文化を中国から一掃する排外運動を展開した。

3 義和団は「滅満興漢」を掲げ, キリスト教と中国固有の思想を調和させ, てんそくの禁止などの悪習の撤廃などを唱えた。

4 袁世凱は中国同盟会を組織して革命運動を展開し, 中華民国を建国, 自ら臨時大総統に就いた。これにより, 清朝による中国支配は終わった。

5 パリ講和会議で「二十一カ条の要求」の取消しなどが退けられた結果, 五・四運動と呼ばれる排日運動が各地で起こった。

この問題の特徴

アジア史はヨーロッパ史とともに出題率の高いテーマで, 7月型では3年から5年に1回の割合で出題されています。特に中国史の出題される割合が高くなっています。

選択肢の難易度

袁世凱と孫文の経歴まで押さえておく必要がある点で, やや難問です。

選択肢1は南京条約の内容で, マカオがイギリス植民地ではないことに気づけば易しいはず。2と3ではスローガンが逆で, 誤りがわかりやすくなっています。

解説

1× 誤り。アヘン戦争 (1840～42年) でイギリスに敗れた清は南京条約で香港を割譲した (1997年中国に返還)。マカオはポルトガルの植民地であり (1999年中国に返還), 広州はイギリスに割譲されていない。

2× 誤り。太平天国のスローガンは「滅満興漢」であり, 排外運動を展開したのは義和団である。

3× 誤り。義和団のスローガンは「扶清滅洋」である。キリスト教と中国固有の思想を調和させ, てんそくの禁止などの悪習の撤廃を唱えたのは太平天国である。

4× 誤り。中国同盟会を組織し, 辛亥革命で清を倒し, 中華民国を建国して臨時大総統に就いたのは孫文である。袁世凱は孫文から臨時大総統の地位を譲り受けた。

5◎ 正しい。大隈重信内閣が1915年に袁世凱政府に突きつけた「二十一カ条の要求」の取消しが1919年のパリ講和会議で退けられ, 同年5月4日に中国で排日運動の五・四運動が起こった。

正答 **5**

ヨーロッパの農業

理想解答時間 **1分** | 合格者正答率 **60%**

出題頻度の高いテーマ

ヨーロッパの各国の農業に関する次の記述のうち，妥当なものはどれか。

1 イギリスは食料自給率が低く，農業人口が全就業人口の3％以下である。

2 フランスはヨーロッパ最大の農業国で，農産物の自給国でもあり，小麦の輸出が世界一である。

3 ドイツは野菜や球根などの園芸農業が盛んで，バターやチーズなどの酪農は世界有数である。

4 イタリアは北部では大規模な商業的農業が行われ，南部では生産性が低いオリーブ，ぶどうなどが生産されている。

5 スペインは内陸部のメセタが農業地帯で生産力が高く，小麦やてんさいなどを栽培している。

この問題の特徴

ヨーロッパの農業は出題頻度の高いテーマです。各国地誌でも問われていますので，一度しっかり学習しておくことが大切です。

選択肢の難易度

取り上げられているヨーロッパの5か国は，気候と土壌の特色と相まって，独自の農業が発達しています。ドイツは混合農業，オランダは酪農，園芸農業，イタリアとスペインの地中海沿岸では地中海式農業が発達しています。

解答のコツ

選択肢**1**の食料自給率は日本が37％（2020年），アメリカ132％（2018年。以下同じ），ドイツ86％，フランス125％，イタリア60％，スペイン96％です。

なお，**2**の小麦についてですが，2020年の生産量は，第1位が中国，次いでインド，ロシア，アメリカ，カナダの順です。主要な農産物の生産上位5か国ぐらいは覚えておきましょう。

解説

1× 誤り。イギリスの食料自給率は65％（2020年）で高い。農業人口は1％程度（2010年）である。

2× 誤り。2020年の小麦輸出量第1位はロシアであり，次いでアメリカ，カナダ，フランス，ウクライナの順である。

3× 誤り。園芸農業と集約的な酪農が盛んなのはオランダである。牧場はポルダー（低湿地に干拓によってつくられた造成地）で見られる。チーズ生産ではオランダは世界第3位（2019年）である。ドイツは混合農業が盛んである。

4◎ 正しい。北部はアルプスの電力とポー川の天然ガスで工業が発展している。

5× 誤り。スペイン中央部のメセタ（乾燥した台地）では牧羊が行われ，牧畜が盛んである。

正答 **4**

世界の河川

理想解答時間 1分　合格者正答率 60%

世界の河川に関する次の記述のうち，妥当なものはどれか。

1　メコン川は上流でラオスとヴェトナムの国境を，下流でカンボジアとヴェトナムの国境を形成し，デルタ地帯は米作が盛んである。

2　アマゾン川とオリノコ川は南アメリカ大陸を東西に流れ，世界有数の農業地帯を形成し，その一つのエクアドルの生産物は砂糖で，オリノコ川流域にはパンパが広がる。

3　黄河流域にはウーハンなどの都市があり，水上交通が発達している。この地域の土壌は肥沃であり，米の二毛作が盛んである。

4　ガンジス川流域は小麦や綿花の生産地で，農業の機械化が進んでいる。川の上流では茶の栽培が盛んで，重要な輸出品にもなっている。

5　ナイル川の中流・下流は砂漠気候地帯であり，灌漑農業が行われ，主な生産物は小麦，綿花，なつめやしなどである。ダムの建設で灌漑の規模が拡大された。

自然地形で出題される場合が多い

この問題の特徴

　本問のように河川だけでなく，その周辺国に関する内容も問われる場合もあるので，より広い学習が必要です。

選択肢の難易度

　河川がどこを流れているかが理解できていないと解けない問題で，常に地図帳で河川の流れる位置や国まで押さえておくことが非常に大切です。

解答のコツ

　選択肢2のブラジルは世界有数の農産物生産国です。5のダムについてですが，ナイル川中流にアスワンダムがイギリス資本で1902年に完成していましたが，このダムより7キロメートル上流に旧ソ連の援助でアスワンハイダムが1970年に完成しました。

解説

1×　誤り。チベット高原に水源を発する国際河川のメコン川は，中国奥地を源流とし，インドシナ半島西部のミャンマーと東部のラオスと中西部のタイの国境を流れ，下流で南部のカンボジアを通って，ヴェトナムから南シナ海に流れている。

2×　誤り。アンデス山脈に水源を発し大西洋に注ぐアマゾン川はエクアドルには流れていない。ギアナ高地に水源を発しベネズエラを流れるオリノコ川に広がるのはリャノ（熱帯草原）で，牧畜が盛んである。パンパ（温帯草原）はアルゼンチンのラプラタ川流域に広がっている。

3×　誤り。ウーハン（武漢）は華中の最大の工業地域に位置する鉄鋼業が盛んな都市で，長江（揚子江）沿いの都市である。黄河流域は畑作地帯である。

4×　誤り。インド東部のガンジス川はヒマラヤ山脈からベンガル湾に注ぐインド最大の河川で，米やジュート（黄麻，印度麻と呼ばれ，穀物袋の原料となる繊維）の栽培が盛んである。インド西部のインダス川下流で小麦や綿花の栽培が行われている。

5◎　正しい。ナイル川中流・下流は灌漑農業が盛んである。

正答 **5**

宗教家とその業績

理想解答時間 **1**分　合格者正答率 **60%**

次のア〜ウの記述に当てはまる宗教家の組合せとして妥当なものはどれか。

ア　高野山に金剛峰寺を建立し，真言宗を開いた。
イ　政府の弾圧を受けたが，後に社会事業に従事し，池溝橋をつくった。
ウ　比叡山に延暦寺を建立し，天台宗を開いた。

> 宗派の開祖と思想の特色が問われる

	ア	イ	ウ
1	最澄	行基	空海
2	最澄	空海	行基
3	行基	最澄	空海
4	空海	最澄	行基
5	空海	行基	最澄

この問題の特徴

仏教の開祖とその思想に関する問題は東洋思想の分野では諸子百家に関する問題とともに出題される割合が高いテーマです。

問われる内容は，それぞれの仏教の宗派の開祖とその思想の特色についてで，いずれも基礎事項です。

なお，本問は日本史の文化史でも出題されている内容で，思想と日本史とで出題が重複するテーマです。

選択肢の難易度

真言宗，天台宗は仏教の基礎となる宗派で，その開祖に関する基本問題ですので，確実に得点につなげたいところです。

解答のコツ

高野山金剛峰寺は真言宗の空海が建立し，比叡山延暦寺は天台宗の最澄が建立しました。特に延暦寺では，後の鎌倉時代に浄土宗を開いた法然，浄土真宗の親鸞，臨済宗の栄西，曹洞宗の道元，日蓮宗を開いた日蓮が修行しています。

解　説

ア：空海が当てはまる。平安時代に真言宗を開いた空海は高野山に金剛峰寺を建立した。

イ：行基が当てはまる。奈良時代の僧侶の行基は民間布教をしたことで政府から弾圧を加えられたが，盧舎那仏の造営に協力するなど社会事業に従事し，晩年は大僧正に任命された。

ウ：最澄が当てはまる。平安時代に天台宗を開いた最澄は比叡山に延暦寺を建立した。

よって，正答は **5** である。

正答 **5**

小説家とその作品

理想解答時間 **1**分

合格者正答率 **70**%

小説家とその作品，文芸思潮の組合せとして，誤っているものは次のうちどれか。

1 谷崎潤一郎―『痴人の愛』―耽美派

2 志賀直哉―『暗夜行路』―白樺派

3 中里介山―『大菩薩峠』―大衆文学

4 川端康成―『伊豆の踊子』―理知主義

5 島崎藤村―『夜明け前』―自然主義

日本文学からの
出題率が高い

この問題の特徴

日本文学からの出題率が高くなっています。特に近代以降の文学については4年から5年に1度は出題されています。一方，世界文学はここ数年出題されていません。

警察官では正答を選択するのではなく，誤答を選択するパターンの出題も多くなっています。

選択肢の難易度

選択肢1の谷崎潤一郎，2の志賀直哉，4の川端康成，5の島崎藤村は頻出の小説家ですが，3の中里介山はあまり出題されない小説家なので，やや判断に迷うところです。

解答のコツ

耽美派は美の世界を最高とする価値観を持つ小説家で，白樺派は人道主義の立場に立つ小説家です。自然主義はフランスの自然主義の小説家ゾラの影響を受け，人間生活を観察して描写する小説家です。理知主義は新現実主義のうち東大系の小説家で，新思潮派ともいわれています。

解説

1○ 正しい組合せ。耽美派の谷崎潤一郎の代表作は『痴人の愛』である。

2○ 正しい組合せ。白樺派の志賀直哉の代表作は『暗夜行路』である。

3○ 正しい組合せ。大衆文学の先駆者中里介山の代表作は『大菩薩峠』である。

4✕ 誤り。『伊豆の踊り子』を書いた川端康成は新感覚派の小説家である。理知主義は新現実主義のことで，芥川龍之介に代表される。

5○ 正しい組合せ。自然主義の島崎藤村の代表作は『夜明け前』である。

正答 **4**

教養試験 **5月型・7月型**
文学・芸術

ヨーロッパの音楽家

理想解答時間 **1分**　合格者正答率 **60%**

> 5月型では
> 美術の出題が多い

ヨーロッパの音楽家に関する次の文中の空欄A〜Dに当てはまる人名の組合せとして妥当なものはどれか。

　ドイツの音楽家（　A　）は古典派の音楽家で，楽聖と呼ばれている。フランスの音楽家（　B　）はオペラに優れた作品を残した。イタリアの音楽家（　C　）はバロック時代に活躍し，協奏曲形式を確立した。

	A	B	C
1	ベートーヴェン	ロッシーニ	ドビュッシー
2	バッハ	ロッシーニ	ドビュッシー
3	ベートーヴェン	ビゼー	ヴィヴァルディ
4	バッハ	ビゼー	ヴィヴァルディ
5	ベートーヴェン	ロッシーニ	ヴィヴァルディ

この問題の特徴

　5月型・7月型の芸術では，美術と音楽の分野が交互に出題されています。5月型では美術の出題が多い傾向が見られます。

　出題形式は設問文に当てはまる芸術家を選択するものや，本問のように空欄補充形式になっているものがありますが，日本史・世界史・地理の問題に比べると選択肢の文章量は少ない問題が多いです。

選択肢の難易度

　有名な作曲家がどの音楽のジャンルに属するかを覚えていないと解けない問題ですが，学習していれば，古典派，オペラ，バロック時代などのキーワードで判断できる問題です。

解答のコツ

　古典派は18世紀後半の音楽で，ハイドン，モーツァルト，ベートーヴェンに代表されます。オペラ（歌劇）ではイタリアのロッシーニ，プッチーニ，ヴェルディ，ドイツのワーグナー，フランスのビゼーが有名です。

解説

A：ベートーヴェンが当てはまる。ドイツの古典派の音楽家で，楽聖と呼ばれている。交響曲「第3番（英雄）」・「第5番（運命）」・「第6番（田園）」・「第9番（合唱つき）」を作曲した。バッハはドイツのバロック音楽を代表する音楽家である。

B：ビゼーが当てはまる。フランスの音楽家で，オペラ「カルメン」，組曲「アルルの女」を作曲した。ロッシーニはイタリアの音楽家で，オペラ「セビリアの理髪師」が有名である。

C：ヴィヴァルディが当てはまる。イタリアの後期バロック音楽を代表する音楽家で，ヴァイオリン協奏曲「四季」を作曲した。ドビュッシーはフランスの音楽家で，印象派と呼ばれる音楽を確立した。管弦楽曲「「牧神の午後」への前奏曲」を作曲した。

　よって，正答は**3**である。

正答 3

3直線に囲まれた面積

理想解答時間 **3分**

合格者正答率 **80%**

座標平面上において，3直線 $2x+5y=10$, $y=2x+2$, $x+y=5$ で囲まれた部分の面積はいくらか。

初学者は時間がかかってもしっかり解く

1　5

2　6

3　7

4　8

5　9

この問題の特徴

座標平面上の問題（関数）は頻出です。1次関数，2次関数の性質，それに伴う計算問題や図形にまで発展したものなどパターンはさまざまです。

この問題は，1次関数で，3直線に囲まれた部分（三角形）の面積を求める問題です。積分を必要とはせず，また，三角関数（余弦定数など）も使わずに解答することができるものになっています。

グラフを書くことから始めましょう。初学者は時間がかかっても，しっかり解きましょう。

解答のコツ

問題にグラフ（図）がないので，自分で書かないといけません。そのためには，

$y=ax+b$

の形に変形して，切片と傾きを確認して書きましょう。

次に直線どうしの交点の座標を求めます。連立方程式の計算も日頃からやっていないと手こずってしまうことがあります。注意しましょう。

あとは，解説のグラフ（右図）のように

長方形をつくり，そこから余分な三角形の面積を引いていきます。

解説

$$2x+5y=10 \rightarrow y=-\frac{2}{5}x+2 \cdots ①$$

$$y=2x+2 \cdots ②$$

$$x+y=5 \rightarrow y=-x+5 \cdots ③$$

①と②の交点をA
①と③の交点をB
②と③の交点をC
とする。

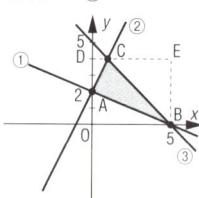

それぞれ，連立方程式を解いて，

A $(0, 2)$, B $(5, 0)$, C $(1, 4)$ となる。

グラフのように四角形DOBE〔D $(0, 4)$, E $(5, 4)$〕から，△DACと△AOBと△EBCを引く。求める面積＝□DOBE−（△DAC＋△AOB＋△EBC）＝$4×5$

$$-\left(\frac{2×1}{2}+\frac{2×5}{2}+\frac{4×4}{2}\right)=20-(1+5+8)$$

＝6 となる。

よって，正答は **2** である。

正答 **2**

教養試験 5月型・7月型

物理

電気回路

理想解答時間
▼▼▼
3分

合格者正答率
70%

祭りの会場で照明用に100V用60Wの電球を50個用意した。これらの電球すべてを100Vの電源に並列につないだとき，電源を流れる電流は何Aか。ただし，電源の内部抵抗は無視できるものとする。

1　10A

2　15A

3　20A

4　30A

5　40A

力学と電磁気と
波動が3大重要
テーマ

この問題の特徴

　力学と電磁気と波動が3大重要テーマで，例年，いずれかから1問の出題。

　この問題は電流回路からの出題で，ここでのポイントは，やはり公式の活用です。直列と並列の仕組みの違いを押さえて計算をすることになります。

解答のコツ

　電力 $P(W)$＝電流 $I(A)$×電圧 $V(V)$…①
　電圧 $V(V)$＝電流 $I(A)$×抵抗 $R(\Omega)$…②
の2つの公式を使います。

　まずこの電球の抵抗を求めます。

　100V用60Wは，100Vの電圧をかけると60Wの電力消費ということなので，①より，60÷100＝0.6〔A〕の電流が流れることになる。また②のオームの法則より，

$$100 \div 0.6 = 100 \times \frac{10}{6} = \frac{500}{3}〔\Omega〕$$

この電球の抵抗は $\dfrac{500}{3}$〔Ω〕となります。

　次に並列回路の仕組みとして合成抵抗の求め方 $\dfrac{1}{R}=\dfrac{1}{R_1}+\dfrac{1}{R_2}+\cdots\cdots+\dfrac{1}{R_w}$ を使います。

解説

前述の2つの公式より

$P=I\times V$ より　　　$I=60 \div 100 = 0.6〔A〕$

$V=I\times R$ より　　　$R=100 \div 0.6 = \dfrac{500}{3}〔\Omega〕$

$\left(R=\dfrac{V^2}{R} \text{と覚えていると，1回の計算で求めることもできる。} \right)$

　この電球が50個並列につないであるので，合成抵抗 R' は，

$$\frac{1}{R'}=\frac{3}{500}\times 50 \text{となり，}$$

$$\therefore R' = \frac{10}{3}〔\Omega〕\text{ となる。}$$

したがって，電源を流れる電流は，

$V=I\times R$（オームの法則より）

$$I=100 \div \frac{10}{3}$$

$$=100 \times \frac{3}{10}$$

$$=30〔A〕$$

となる。

　よって，正答は**4**である。

正答
4

気体の化学式

理想解答時間 **3分** ／ 合格者正答率 **70%**

ある気体0.35gは，0℃，1気圧で280mlである。この気体の化学式として，正しいものは次のうちどれか。ただし，原子量はC=12.0，N=14.0，O=16.0とする。

1　CO
2　NO
3　O_2
4　CO_2
5　NO_2

化学の法則は頻出

この問題の特徴

　気体の状態方程式を用いた計算問題です。条件が0℃，1気圧（標準状態）ということから別解もあります。こうした化学の法則を問う問題はよく出題されています。基本となる部分ですから，学習を始めたばかりでは，とても難しく感じるところですが，しっかりと学習しておきましょう。

　この問題では，選択肢が化学式となっていますので，分子量をそれぞれ求める必要があり，手間がかかります。しかし，これが化学式でなく，物質名で表されていると化学式を覚えていないと正答が出せませんから，比較的親切な出題なのです。1問を解くことで，さまざまなポイントを押さえていくことができます。

解答のコツ

　気体の状態方程式　$PV=nRT$
圧力 $P(atm)$，体積 $V(l)$，絶対温度 $T(K)$（$T(K)=273+t(℃)$），気体定数 $R=0.082$ モル数 $n(mol)$ である。

　また，$n=\dfrac{w}{M}$　物質の質量 $w(g)$，分子量 M より，

$$PV=\frac{w}{M}RT$$

と書くこともできる。

　これとは別に，0℃，1気圧では，気体は1molが22.4lであることを用いて求めることもできる。

　どちらも押さえておきましょう。

解説

$$PV=\frac{w}{M}RT より，\ M=\frac{wRT}{PV}$$

これに数値を代入して，

$$M=\frac{0.35\times0.082\times273}{1.0\times0.28}=28$$

（注　体積は単位を l にする）
　（別解）　22.4：w=0.28：0.35
　　　　　　∴w=28〔g〕

　これは1molの質量なので，$M=28$ となる。

　選択肢の化学式の分子量を求める。
1◎　正しい。CO：12+16=28
2×　誤り。NO：14+16=30
3×　誤り。O_2：16×2=32
4×　誤り。CO_2：12+16×2=44
5×　誤り。NO_2：14+16×2=46
　よって，正答は**1**である。

正答 **1**

No.22 危険な化学物質

理想解答時間 **3分**　合格者正答率 **60%**

危険な化学物質の取扱いに関する記述として，正しいものはどれか。

> まず周期表に基づいた性質を押さえる

1. ベンゼンは低沸点の液体で引火しやすいので，火気のないところで取り扱う必要があるが，人体には有毒ではない。
2. ナトリウムは酸素と激しく反応して発火するので，保存する場合は空気に触れないように水中に入れて保管する。
3. 水酸化ナトリウムは皮膚を腐食する作用があるので，皮膚に付いた場合は，直ちに薄い塩酸をつけて中和し，その後，水で洗う。
4. 塩酸は皮膚に炎症を起こすので，皮膚に付いた場合は多量の水で洗い流し，その後，炭酸水素ナトリウム水溶液をつけ，さらに水で洗う。
5. 濃硫酸の蒸気は有毒で，また水に触れると激しく発熱するので，濃硫酸を薄める場合は濃硫酸に水を徐々に加えるようにする。

この問題の特徴

この問題は，比較的ポピュラーな物質を取り上げてはいますが，学習を始めたばかりでは，とても難しいものになっています。なかなか，一つ一つの性質を詳しく覚えることはできないものです。まずは，周期表に基づいた性質を押さえていき，知識を積み重ねていきましょう。

解答のコツ

ベンゼンだけが有機化合物です。ナトリウムは金属（アルカリ金属）です。この2つの性質は知っておきましょう。まずここから手を着け，次に，濃硫酸を希釈するときは，水に濃硫酸を少しずつ加えていくことは押さえておきましょう。

解説

1×　ベンゼンは引火性が強いので，取り扱うときには火気に十分注意する必要があるが，蒸気は有毒であり，吸わないようにする必要がある。発がん性も指摘されている。

2×　単体のナトリウムは金属であるが，イオン化傾向が非常に大きいため，空気中の酸素や水分と反応するので，空気に触れないように灯油などの中に入れて保管する。水中に入れると激しく反応する危険な金属である。

3×　水酸化ナトリウムは苛性ソーダとも呼ばれ，苛性，つまり皮膚を侵す性質が強い。皮膚に付いた場合は直ちに多量の水で洗い流す。洗わずに塩酸等で中和してはいけない。

4◎　正しい。塩酸が皮膚に付着した場合は多量の水で洗うだけでもよいが，炭酸水素ナトリウム水溶液は非常に弱いアルカリ性なのでこれで洗ってもよい。

5×　濃硫酸は不揮発性であり，常温・常圧では蒸気を生じない。濃硫酸を希釈するときに濃硫酸に水を加えると，混合による発熱で水が沸騰し，硫酸とともにはねて危険なので，水に濃硫酸をかき混ぜながら少しずつ加える。

正答 **4**

教養試験 5月型・7月型

生物

No.23

肝臓の働き

理想解答時間 2分

合格者正答率 80%

肝臓の働きは頻出

ヒトの肝臓の働きに関する記述として，正しいものはどれか。

1 血管中のブドウ糖を不溶性のグリコーゲンに変えて貯蔵し，必要に応じて逆反応を起こし，血管中へブドウ糖を供給する。

2 血液中のリンパ球が不足すると，自律神経からの指令によって，必要な量をつくり出し，また老廃化したリンパ球を破壊する。

3 ビタミンの量が不足すると，交感神経の働きによってその合成が行われるが，ビタミンCについては合成が行われない。

4 あらゆるホルモンの合成が行われており，つくられたホルモンは外分泌腺を経由して内分泌腺に送られ，血液中に分泌される。

5 あらゆる化学物質の製造工場といわれるように，体内で必要な物質交代をすべて行っており，ビタミンCの合成も行っている。

この問題の特徴

肝臓の働きについては，腎臓の働きや自律神経，ホルモンなどと並び，よく出題されています。

この問題は，肝臓の働きを覚えていれば，さほど難しくはないと思われます。しかし，ホルモンやビタミン，血液に関することも知っておく必要があります。

ある用語，名称を覚えることから始まり，その働きはもちろんのこと，他の性質や臓器とのかかわり，相互関係など深く知っていくと興味も出てくるでしょう。学習を始めたばかりでは，ここまでは難しいですから，まずは１つずつ肝臓から押さえましょう。

選択肢の難易度

選択肢**2・3・4・5**については，あまり知らなくても，**1**が正しいことがわかれば関係ありません。そうとらえると決して難問ではありません。しかし，学習していくうえでは，ホルモン，交感神経，といったキーワードはしっかり学習しておきましょう。

解答のコツ

肝臓の働きはたくさんありますが，**1**の解説に挙げた５つの働きを覚えておくことです。なかでも「グリコーゲンとして貯蔵」は，外せないポイントです。

解説

1◎ 正しい。肝臓の働きは，①炭水化物・タンパク質・脂肪の代謝，②胆汁の生成，③ビタミンの貯蔵，④解毒作用，⑤尿素の生成などである。この選択肢は炭水化物（ブドウ糖）の代謝についてのもの。

2× リンパ球の生成はひ臓やリンパ節でなされる。

3× ビタミンはヒトの体内では生成されない。

4× ホルモンは内分泌腺でつくられ，直接体液中に分泌される。これを内分泌と呼ぶ。外分泌は消化腺や汗腺のような排出管を持つ腺からの分泌のこと。ホルモンは，各作用器官の内分泌腺でつくられる。

5× ビタミンは体内で合成されない。

正答 1

遺伝

理想解答時間 **2分**
合格者正答率 **80%**

マルバアサガオの花の色の遺伝では，純系の赤色と白色とを親（P）として交雑すると，雑種第一代（F_1）はすべて桃色となる。F_1どうしを交雑した場合，雑種第二代（F_2）で桃色が現れる確率は何％か。

1 30%

2 35%

3 40%

4 45%

5 50%

> 遺伝の法則は，数年おきに出題される

この問題の特徴

遺伝の法則は，数年おきに出題されており，注意したいところです。他の単元とは少し異なり，名称や仕組み，働きといったものを覚えるだけではなく，考えていき，時には少し計算もするなど，練習しておく必要があります。

この問題は，「マルバアサガオの花色の遺伝」であり，不完全優性による遺伝の例として有名なものですから，その結果を知っている人も少なくないでしょう。遺伝をひととおり学習すると，必ず目にします。このように，代表的な実験の例は暗記するという方法もあります。

解答のコツ

この実験を知らなかったとしても，正答を導くことはできます。赤色（RR），白色（rr）とすると，F_1は（Rr）であり，これは桃色となることは問題文に明記されているので，F_2について考えると，

	R	r
R	RR	Rr
r	Rr	rr

RR：Rr：rr＝1：2：1になります。

解説

不完全優性として知られる遺伝である。これは一見メンデルの法則に従わないように見えるが，遺伝子相互の働きを考えるとメンデルの法則に反していないことがわかる。今，赤色の純系の遺伝子型をRR，白色の遺伝子型をrrとすると，この遺伝でのF_1，F_2は下図のようになっている。

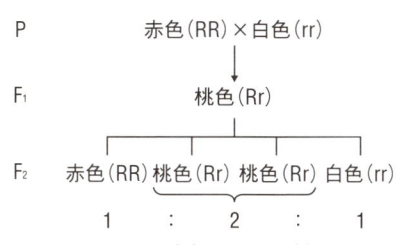

P　　　　赤色(RR)×白色(rr)

F_1　　　　　桃色(Rr)

F_2　赤色(RR) 桃色(Rr) 桃色(Rr) 白色(rr)

　　　　1　：　2　：　1

これは，赤色（R）と白色（r）の優劣関係が不完全であるためと考えられる。したがって，F_2で桃色が現れる確率は $\dfrac{2}{1+2+1}=0.5$ より，50％となることがわかる。

よって，正答は**5**である。

正答 **5**

断熱減率

理想解答時間 **3分**　合格者正答率 **70%**

次の文章において，｛　｝内の語句を正しく選んだとき，Ｃ地点に到着した空気塊の温度として正しいものはどれか。

気象学からの出題が多い

　図のように，山麓のＡ地点から山の斜面に沿って空気塊が上昇すると｛乾燥断熱減率，湿潤断熱減率｝に従って温度が低下し，Ｂ地点において雲ができた。さらに，空気塊は雨を降らせながら斜面に沿って上昇した。このとき，温度は｛乾燥断熱減率，湿潤断熱減率｝に従って低下した。その後，空気塊が山頂に達すると，雲はなくなり，山の斜面に沿って山麓のＣ地点に向かって下降した。このとき，空気塊の温度は｛乾燥断熱減率，湿潤断熱減率｝によって上昇した。ただし，Ａ地点の気温は25℃，Ａ地点からＢ地点までの標高差は400m，Ｂ地点から山頂までの標高差は1,500mであり，Ａ地点とＣ地点の標高は等しいものとする。また，乾燥断熱減率は1.0℃/100m，湿潤断熱減率は0.5℃/100mとする。

1　32℃

2　32.5℃

3　33℃

4　33.5℃

5　34℃

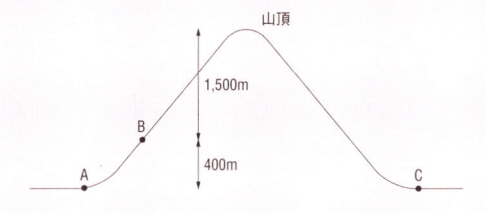

この問題の特徴

　この問題は，「フェーン現象」について，かなり細かなところまで問うており，そのうえで計算を必要とする問題です。乾燥断熱減率と湿潤断熱減率については詳しく知らなくても，数値が具体的に書かれていて，計算していくだけのものが多いようです。ただ焦らずに，雲ができているのかいないのかをよく見極め，計算をしましょう。

解答のコツ

　空気の魂が上昇していき，雲ができるまでは，乾燥断熱減率（1.0℃/100m）で，雲ができると，湿潤断熱減率（0.5℃/100m）を用います。Ａ地点から400mまでは－1.0℃/100mで，Ｂ地点から雲がなくなる山頂までは，－0.5℃/100m。雲がなくなって，下降してＣ地点に達するまでは，＋1.0℃/100mとなります。

解説

　Ａ地点からＢ地点までは雲ができていないことから，湿度は100％未満であると判断されるので，温度低下の計算には乾燥断熱減率を用いる。すなわち，温度低下は，$(1.0 \div 100) \times 400 = 4.0$〔℃〕である。

　Ｂ地点から山頂までは雲が発生し，おそらく雨や雪を降らせている状態なので，湿度は100％であり，温度低下は湿潤断熱減率により計算する。すなわち，$(0.5 \div 100) \times 1500 = 7.5$〔℃〕である。

　山頂からＣ地点までの温度上昇は，雲がなくなったことから，再び湿度が100％未満になっていることがわかるので，乾燥断熱減率により計算する。すなわち，$(1.0 \div 100) \times (400 + 1500) = 19.0$〔℃〕となる。

　したがって，Ｃ地点の温度は，$25 + (-4.0 - 7.5 + 19.0) = 32.5$〔℃〕となる。

　以上より，正答は **2** である。

正答 **2**

現代文（要旨把握）

理想解答時間 **6分**　合格者正答率 **60%**

> 文章理解は「要旨把握」形式が基本

次の文からいえることとして，最も妥当なものはどれか。

伝統思想はいかに日本の近代化，あるいは現代化と共に影がうすくなったとしても，私達の生活感情意識の奥底に深く潜入している。近代日本人の意識や発想がハイカラな外装のかげにどんなに深く無常感や「もののあはれ」や固有信仰の幽冥感や儒教的倫理やによって規定されているかは，すでに多くの文学者や歴史家によって指摘されて来た。むしろ過去は自覚的に対象化されて現在のなかに「止揚」されないからこそ，それはいわば背後から現在のなかにすべりこむのである。思想が伝統として蓄積されないということと，「伝統」思想のズルズルべったりの無関連な潜入とは実は同じことの両面にすぎない。一定の時間的順序で入って来たいろいろな思想が，ただ精神の内面における空間的配置をかえるだけでいわば無時間的に併存する傾向をもつことによって，却ってそれらは歴史的な構造性を失ってしまう。小林秀雄は，歴史はつまるところ思い出だという考えをしばしばのべている。それは直後に歴史的発展という考え方にたいする，あるいはより正確には発展思想の日本への移植形態にたいする一貫した拒否の態度と結びついているが，すくなくとも日本の，また日本人の精神生活における思想の「継起」のパターンに関するかぎり，彼の命題はある核心をついている。新たなもの，本来異質的なものまでが過去との十全な対決なしにつぎつぎと摂取されるから，新たなものの勝利はおどろくほどに早い。過去は過去として自覚的に現在と向きあわずに，傍らにおしやられ，あるいは下に沈降して意識から消え「忘却」されるので，それは時であって突如として「思い出」として噴出することになる。

1 日本人の精神生活における思想の「継起」のしかたとして，日本人の意識の奥底には各種の思想が次々と十全な対決なしに摂取され，潜入していて，それは時あって突如として「思い出」とされるということが行われる。

2 日本人は次々と新たな思想を摂取して行くため，日本社会あるいは個人の内面生活における伝統への思想的復帰などは起こりうべくもない。

3 たとえば，中国における儒教のような強靭な思想的伝統をわが国は欠いていたため，まったく異質な欧米の思想文化も容易に受容され，伝統思想にとらわれない展開が可能となった。

4 過去の思想が意識から消え忘れ去られているからこそ，突然変異的にこれまで内部にまったく存在しなかったものへの飛躍を果たすことができる。

5 哲学・宗教・学問などにおいて，相互に原理的に矛盾するものまで，精神的経歴の中に平和共存させるという思想的寛容の伝統により，東西文化の融合ということが成し遂げられることとなった。

この問題の特徴

その文章が全体として述べていることを解答させる「要旨把握」という出題形式で，頻出の形式です。

解説

1◎　正しい。小林秀雄のいう「思い出」の内容を，思想の「継起」のしかたにからめて論じている。

2×　誤り。「日本社会あるいは個人の内面生活における伝統への思想的復帰」といったことは述べていない。

3×　誤り。中国のことは述べていない。

4×　誤り。「飛躍」といった積極的肯定の論理は問題文にない。

5×　誤り。「東西文化の融合」といったことは述べていない。

正答 **1**

No.27 現代文（内容把握）

理想解答時間 **6分**　合格者正答率 **60%**

抽象的な文章に慣れておくことが大切

次の文の内容に合致しているものはどれか。

　芸術の歴史は人類の歴史とともに古いということができる。私たちに知られるかぎりでは，原始人が自然を変形し支配するために「魔術」を用いたのが，芸術のもっとも古い起源を示している。自然に魔術をかけることによって，これを変形し手なずけようとする行為の中には，宗教，科学，芸術の芽生えが，未分化な形で存在していた。

　芸術はその起源において魔術的な道具であった。人類はさまざまな脅威にみちた自然界で生き抜く過程で，身振り，画像，音声，言葉といった表現手段を見出し，これによって自然界を模倣し，自然をいわばたぶらかし手なずけることを発見した。自然物に手を加えて作りだした弓矢やナイフのような直接の労働の道具に劣らず重要な，魔術的な道具の発見がそこにあった。これらは，人間の意識を自然界から独立させ，はじめて「主体」として，自然という「客体」に直面することを可能にさせたのである。

　人間はこうした原始的な魔術の段階から進んで，しだいに自然の諸法則を見抜き，因果関係を発見し，社会集団的な記号，言葉，概念，慣習のような，秩序をもった意識的世界を構成していった。魔術は，宗教，科学，芸術などに分化していったのである。

1 原始社会では宗教と科学と芸術の区別がついていなかったが，自然の諸法則や因果関係が発見された結果として，初めて三者が明確に分化した。

2 宗教，科学，芸術は，いずれも，その最も古い段階において，自然界を模倣するもので，弓矢や身振り，音声などはその手段であった。

3 芸術の原始的な表現手段である身振り，画像などは，ナイフなどの道具と同様に人間の意識を自然界から独立させるのに有効であった。

4 原始人の魔術とは，自然に対してはそれを手なずけ，人間に対してはその意識を「主体」化しようとするものであった。

5 人間は，その歴史の初めから，科学，宗教の原始的な形態のものと，芸術の原始形態である魔術との２つによって，自然界を支配しようとしてきた。

この問題の特徴

　芸術の歴史に関する抽象的な文章で，このような文章に慣れていないと，実際以上に難しく感じられる問題です。

解説

1× 誤り。「原始社会」では宗教，科学，芸術の「区別がついていなかった」のではなく，未分化に芽生えの形があったにすぎないとされている。

2× 誤り。「自然界を模倣するもの」は，魔術としての芸術であったとある。

3◎ 正しい。第２段落で述べている。

4× 誤り。魔術が「人間に対して」「その意識を『主体化』」するものとは述べられていない。

5× 誤り。「科学，宗教」と「魔術」という二項対峙の図式は語られていない。

正答 **3**

No.28 現代文（内容把握）

理想解答時間 **4分**　合格者正答率 **80%**

次の文中の下線を付した部分の解釈として，最も妥当なものはどれか。

　茶道に「一期一会」という言葉がある。一生に一度の茶会と言うことで，茶事は，その都度，一生に一度と考えて十分に準備し，実意を尽くし，悔いることのないようにしなければならぬという意味である。これは，ただ茶事に限ることではあるまい。人生の途上，会って別れるすべての人に対し，この心がけをもちたいと思う。人と人との出会いは運命的である。その人に会ったということは，自分の人生に何らかの意味，あるいは重要な意味をもつ。人間の形成は自分の努力にもよるが，出会った人がどのような人であったかによって，大きく左右される。出会いの経験と思い出は生涯消えることのない印を残す。人は師に会い，友に会い，夫または妻に会う。世界中のすべての人々を調べて，その人を師とし，友とし，夫または妻にえらぶわけではない。その出会いは偶然であり，しかもそれが自分の人生を形作り方向を定めるのである。よい人に出会うことは一生の幸福である。出会いは偶然であるが，よい人に出会うためには，これを求める必然が自分になければならない。そうでなければ，たとえよい人に出会っても，その人と縁を結ぶことはできない。雲水は，真師を求めて，修行の旅に出る。求道の熱意と準備が真師をとらえるのである。よい師，よい友，よい夫，よい妻を得なければならぬが，いかなる人々との出会いにも茶事において実意を尽くすことと同じでありたい。「こころなしと見ゆるものも，よき一言はいふものなり。」（徒然草）どのような人も人を感動せしめる一事を必ずもっている。それを掘り起こすことができるのは，こちらに，それを求め，受けいれる準備があるからである。

1 よい人との出会いは偶然であるので，自分にはこれを求める必然はなく，その偶然による出会いがその後の人生を決定づける。

2 よい人との出会いは偶然であるが，それに出会うためには，自分の必然として，他人の長所を発見し，それを誠実に学び取る姿勢が必要である。

3 よい人との出会いは偶然であるが，それに出会うためには，自分の必然として，自己分析をし，積極的によい人を探し求める努力が必要である。

4 よい人と出会えることは，一生の幸福であるが，自己の人格形成に当たっては，自助努力によるところが大きく，他人の影響は受けにくい。

5 人と人との出会いは，茶事の心に通じるところがあるため，雲水のように求道の熱意を持つことが，よい人と出会うための近道である。

この問題の特徴

　下線部の解釈を問う問題です。文章を読む際の注目点が指定されているので，比較的取り組みやすい形式といえます。

解説

1× 誤り。「よい人に出会うためには，これを求める必然が自分になければならない」と述べている。

2◎ 正しい。「どのような人も人を感動せしめる一事を必ずもっている」と述べている。そうした「長所を発見」し，それに

学ぶことの大切さが説かれている。

3× 誤り。「自己分析」には触れていない。

4× 誤り。「他人の影響は受けにくい」のではなく，他人との出会いに学ぶことで「自己の人格」がつくられていくことを述べている。

5× 誤り。「よい人と出会うための近道」を述べた文章ではない。

正答
2

教養試験 **5月型・7月型**
文章理解

現代文（内容把握）

理想解答時間 **3分** ｜ 合格者正答率 **90%**

語意を知っていれば容易に正答できる

次の文中の下線部分「借景」の意味として，最も妥当なものはどれか。

　大きい山々が蟻塚のような小さいものに縮まり，涯のない海が蛙の穴に凝縮されたのが石庭の構造なのです。志賀直哉が龍安寺の石庭に対して見たものも，大自然の凝縮文法でした。

　「庭に一樹一草も使はぬといふ事は如何にも奇抜で思ひつきのやうであるが，吾々はそれから微塵も奇抜とか思ひつきとかいふ感じを受けない。（中略）僅か50余坪の地面に此大自然を煮つめる為めにはこれ実に，相阿弥にとつて唯一の方法だつたに違ひない」（龍安寺の庭」）

　庭に取り入れられた枯山水の自然は，もはやあの外の自然ではありません。切り捨てられ，極端に簡素化されて縁側まで持ってこられた石庭は，自然とは異なった別の囲いのなかの独特な自然になってしまったのです。程度の差はありますが，それが借景の方法であれ，縮景の造園術であれ，大名屋敷にある巨大な庭園であれ，禅寺の方丈の庭であれ，縮められて身近に引き入れられた自然は，枯山水同様に本物の自然ではありません。

　物の嵐の音でないように…。

1　庭と一体の物として庭の外に見える景色

2　庭として人工的に作られた景色

3　庭として大自然を石に写した景色

4　庭として過去の記憶に残る景色

5　庭として時間とは無関係に存在する景色

この問題の特徴

　下線部の意味を問う問題ですが，文章中における言葉の位置づけ・意味を問うというより，文章をヒントにして考える問題で，語意を知っていれば容易に正答できます。

解 説

1◎　正しい。「借景」という言葉の意味は，庭の外の景色をその庭の一部として用いることによって趣を凝らすことである。

2×　誤り。外の自然の美を造園に生かすのが「借景」であり，「人工的に作られた景色」ではない。

3×　誤り。「借景」は，「石に写」す場合に限らない。

4×　誤り。「過去の記憶」は，外界の自然の景色を借りる「借景」とは関係ない。

5×　誤り。「時間」のことには触れていない。また，「借景」は時間の推移による外の景色の変化が関係する。

正答 **1**

古文（内容把握）

理想解答時間 **4分** | 合格者正答率 **70%**

できるだけ
正答したい

次の文の趣旨として，妥当なものはどれか。

或る人いわく，人は心にあはぬことあればとて，うちたのむひとにもあれ，あひ親しき中にもあれ，もの恨みの先立つまじきなり。たとひ理運のことの相違もいでき，約束の旨の変改あるにても，さる様こそあらめと心ながく忍びすぐしたらんは，くねり腹立ちたらむよりもなかなかはづかしく，いとほしくおぼえぬべきを，かなはぬものゆゑ，いちはやくふるまへば，かへりてしらけもし，またはかなきふしによりて，大いに悔しきことも出で来るなり。

1　人との間にした約束などが破られるなど気にくわないことがあっても，その場では騒ぎたてず，じっと耐えていたほうがよい。
2　親しい友人との間に不愉快なことを起こすことは，その人の人格が疑われて恥ずかしいものである。
3　人から侮辱を受けたときは後になって陰口を言うより，その場ではっきりさせたほうがよい。
4　恩人などに迷惑をかけたときは，自分の立場をよく説明しておかないと，後で困ったことになることが多い。
5　世の中には，自分の気に入らないことがあるとすぐに腹を立てて，座を白けさせる者が多い。

この問題の特徴

『十訓抄』を出典とする問題です。本文は出題される文章の中でも短いので，できるだけ正答したい。

解説

1◎　正しい。気にくわないことがあっても，それをじっと耐えることの意義について述べている。
2×　誤り。「不愉快なことを起こすこと」や「その人の人格」については述べていない。
3×　誤り。「侮辱」のことや「その場ではっきりさせ」ることなどは述べていない。
4×　誤り。「恩人」のことや「自分の立場」の説明などは述べていない。
5×　誤り。「世の中」全般の「白けさせる者」については述べていない。

PART III

過去問の徹底研究

正答 **1**

英文（要旨把握）

理想解答時間
4分

合格者正答率
70%

**よく出題される
英文の代表例**

次の英文から，日本人についていえることとして，最も妥当なものはどれか。

　Language plays a limited role in Japanese society.　People generally believe that it is needless to speak precisely and explicitly with one another because they take it for granted that they share a lot of common assumptions.　The function of language as a means of social communication in this country then, is to emphasize and reinforce the feeling of homogeneity.

　In daily conversations, messages become telegraphic.　Time, space, and logical relations are often unexpressed.　Even major points are sometimes left unsaid.　People are expected to understand meanings in view of the context of situation in which they are embedded.

　Tacit understanding is more important than elaborate speech.　People who cannot understand speech in its social context are frowned upon.　People who resort to elaborate speech are felt as noise makers.　Many Japanese would like to believe that if they are Japanese, they should be able to understand each other without words.　When a communications failure occurs between two close friends, the one often accuses the other by saying "Don't you understand my intention if I don't express it ?"

1　相手に親近感を示すために日常会話において言葉を省略する。

2　寡黙なためにしばしば外国人から誤解される。

3　言葉をコミュニケーションの最良の手段とは考えていない。

4　物事を正確に明示的に表現する必要はないと考えている。

5　言葉を状況に応じて効果的に使う能力に欠けている。

この問題の特徴

　コミュニケーションに関する英文や日本（人）論の英文はよく出題されます。本問は両者を合わせた文章です。

解説

1×　誤り。日常会話で言葉を省略するのは相手に親近感を示すためとは述べていない。

2×　誤り。外国人から誤解されるという点については触れていない。

3×　誤り。コミュニケーションの最良の手段については触れていない。

4◎　正しい。第1段落に示されている。

5×　誤り。言葉を効果的に使う能力に欠けているとは述べていない。

正答
4

英文（要旨把握）

理想解答時間 **5**分

合格者正答率 **60**%

**短い文章なので
正答したい**

次の英文の内容と合致しているものはどれか。

　A good farmer is always one of the most intelligent and best educated men in our society. We have been inclined in our wild industrial development, to forget that agriculture is the base of our whole economy and that in the economic structure of the nation is always the cornerstone.　It is always been so throughout history and it will continue to be so until there are no more men on this earth. We are apt to forget that the man who owns land and cherishes it and works it well is the source of our stability as a nation, not only in the economic but the social sense as well.

1　私たちは，農業がわが国のすべての経済の基盤ではあるが，変換点にあるということを忘れがちである。

2　私たちは，農業の欠点を理解し，現在の社会に適合するような農業を確立しなければならない。

3　農業は，その経済的な意義は薄れたが，社会的な意味においては現在でも価値のあるものである。

4　農業は，将来においても今までと同様に，私たちの社会にとって最も大切な存在であり続ける。

5　優れた農園主は，社会において，最も聡明な人であるため，人々に最高の教育を与える。

この問題の特徴

　社会における農業に関する文章。段落が1つだけの比較的短い文章なので，できるだけ正答したい。

解説

1×　誤り。農業が変換点にあるとは述べていない。

2×　誤り。農業の欠点を理解するということは述べていない。

3×　誤り。農業の経済的意義は薄れたのではなく，忘れられがちであると述べている。

4◎　正しい。地球上に人々がいなくなるまで農業が必要であろうと述べている。

5×　誤り。優れた農園主は人々に最高の教育を与えるのではなく，最もよい教育を受けたのである。

正答 **4**

英文（内容把握）

理想解答時間 **5分**　合格者正答率 **70%**

次の英文の内容と合致しているものはどれか。

メディアに関する文章は頻出

　PAN-European media, whether television or print, is coming of age.　It is attracting that most elusive target audience for advertiseres — the affluent consumers of Europe.　But to reach them most effectively, the language used must be English.

　Those are two conclusions from the first survey of the top earners in Europe, conducted across 17 countries by Dutch based research group Interview.　But its first European Media and Marketing Survey（EMS）also reveals that there are still major national and regional differences in media consumption among the better-off in Europe, despite the growing acceptance of crossborder publications and television channels.

1 テレビにしても新聞にしても汎ヨーロッパ的なメディアが近年急速に普及し，今や多くの市民に親しまれ，共通の認識が醸成されつつある。

2 広告主たちは視聴者を引きつけるためにいろいろな工夫を行っているが，いまだよい方法が見つからず，模索を続けている。

3 ヨーロッパ圏の富裕な消費者たちに最も効果的に取り入るためには，使用言語は英語である必要がある。

4 17か国の一般視聴者に対する初めての大規模な調査により，国を越えた出版物やテレビの必要性が増大していることがわかった。

5 ヨーロッパの裕福な人々と裕福でない人々の間には，メディアの利用のしかたについて大きな差異が存在している。

この問題の特徴

　インターネットの普及などによってメディアのあり方が変質してきているので，メディアに関する文章が出題されることが増えています。技術的な話題が問われることはほとんどなく，社会問題としての側面が問われます。

解説

1× 誤り。国家的・地域的な大きな相違がいまだに存在していて，共通の認識が醸成されつつある状況にはない。

2× 誤り。よい方法として，使用される言語は英語でなければならないことはわかっている。

3◎ 正しい。第1段落末尾で述べている。

4× 誤り。調査でわかったことは，国家的・地域的な大きな相違がいまだに存在することである。

5× 誤り。ヨーロッパの富裕でない人々については述べていない。

正答 **3**

英文（内容把握）

理想解答時間 5分

合格者正答率 70%

次の英文の内容に合致するものはどれか。

企業経営と雇用に関する文章は今後も要注意

Recently, companies have begun to aggressively tackle the problem, reducing the number of high-salaried management posts and streamlining the management-related sections such as general affairs and planning. But even these measures are closely related to the Japanese seniority wage system, and it is extremely difficult to carry out radical reforms.

After the bubble burst and the recession became serious, Japanese companies began to see the limitations of their management methods. As a result, they are gradually changing their traditional methods. But one characteristic of Japanese management is that they follow the crowd. If one company on its own carried out radical reforms, it would lose the support of the business community, and its business performance would suffer. In the future, companies will develop a new management method, different from that of U.S. and European companies, but this will probably take some time.

1 近年，日本の企業は管理部門を強化して業務の効率化を図るべくさまざまな施策を展開している。

2 日本の企業経営にとって，従来の年功序列型の賃金制度は大きな足かせとなるため，その抜本的な改正を行いつつある。

3 日本の企業の特徴の一つは，企業が消費者の意向を必要以上に気にしすぎることである。

4 日本の企業が単独で何か改革を断行しようとしても，ビジネス社会から浮き上がることになり，思うようにはいかないだろう。

5 将来的には日本の企業は欧米をモデルとした新しい経営手法をとらざるをえないだろう。

PART III

過去問の徹底研究

この問題の特徴

日本企業のあり方については，一時期に比べて出題されることが減っています。ただし，「働き方」に関する文章は比較的出題が多いので，企業経営と雇用に関する文章は要注意です。

解説

1× 誤り。日本企業は管理部門を強化するのではなく簡素化して業務の効率化を図ろうとしている。

2× 誤り。日本の企業経営にとって，年功序列型賃金制度が大きな足かせになるとは述べていない。

3× 誤り。日本的企業経営の特徴の一つは，大勢に従うこと，すなわち，他の企業の動向に従うことである。

4◎ 正しい。

5× 誤り。日本企業は欧米の企業とは異なった経営手法になるだろうと述べている。

正答 4

No.35 ベン図

理想解答時間 4分　合格者正答率 60%

成人100人に対し，3種目（A，B，C）の体力検査を行った。それぞれの種目に設定されている基準に合格した者は，A種目が60人，B種目が40人，C種目が30人であった。また，3種目とも合格したのは8人，3種目とも合格しなかったのは17人であった。3種目のうち2種目が合格，1種目が不合格であった者は何人か。

求めたい部分の固まりを見つけるようにするのがコツ

1　29人
2　31人
3　33人
4　35人
5　37人

この問題の特徴

解説にあるような「ベン図」を使って解く問題です。ベン図の各部分に記号を当てはめて，条件を等式で表します。その際，方程式と見るのではなく，求めたい部分の固まりを見つけるようにするのがコツです。

解答のコツ

ベン図の各部分に記号を当てはめ，条件を等式で表します。方程式と見るのではなく，求めたい部分の固まりを見つけましょう。

解説

下のような図を描いて考えてみると，

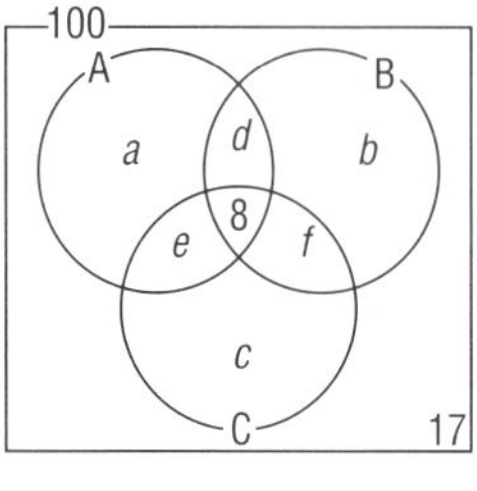

$a+d+e+8=60$ ……①

$b+d+f+8=40$ ……②

$c+e+f+8=30$ ……③

①＋②＋③より，

$a+b+c+2(d+e+f)+8\times3=130$ ……④

ところが，3種目とも合格しなかったのが17人いるのだから，

$a+b+c+d+e+f+8=100-17=83$ ……⑤

である。

したがって，④－⑤とすると，

$d+e+f+16=47$

$d+e+f=31$

d，e，fは3種目のうち2種目合格して1種目は不合格であった者の集合を表しているから，3種目のうち2種目が合格，1種目が不合格であった者の合計は31人である。

よって，正答は**2**である。

正答 2

順序関係

理想解答時間 **3分**

合格者正答率 **70%**

次の関係から判断して，確実にいえることはどれか。

・和子は8人兄弟の次女である。
・和子には弟と妹が合わせて3人いるが，長男から見れば3人の弟と3人の妹がいることになる。

1 和子のすぐ上は三男である。

2 末っ子は女である。

3 一番上は男である。

4 女兄弟は3人である。

5 和子には弟が2人いる。

> わからない人物を空欄で表しておくのがコツ

この問題の特徴

8人の順序を与えられた条件から求める問題です。わからない（条件にない）人物を空欄で表しておくのがコツです。

解答のコツ

8人の順序を，与えられた条件から決めます。このとき，わからない（条件にない）人物は空欄で表しておきましょう。

解説

和子には弟と妹が合わせて3人いるので，和子自身は兄弟の中で5番目となり，上に4人いる。一方，長男は3人の弟と3人の妹がいるのだから，長男は兄弟の中では2番目で，またこの兄弟は男4人女4人である。ここまでで兄弟を並べてみると，長女，長男，○，○，和子，○，○，○となるが，和子は次女なので，長男と和子の間の2人はどちらも男となり，長女，長男，次男，三男，和子，○，○，○となる。下の3人は男1人女2人だが，その順番は確定できない。

以上から，確実なのは **1** の「和子のすぐ上は三男である」だけである。

正答 **1**

対応関係

理想解答時間	合格者正答率
4分	**60**%

A～Dの4社がビルの1階から4階に1社ずつ入っている。4社は出版社，旅行会社，調査会社，食品会社である。以下のことがわかっているとき，確実にいえるのは次のうちどれか。

ア　A社が入っている階は1階でも2階でもない。
イ　C社は出版社よりは下，旅行会社よりは上に入っている。
ウ　調査会社はB社よりは下，食品会社よりは上に入っている。

1 A社は調査会社である。

2 B社は旅行会社である。

3 D社は食品会社である。

4 調査会社は4階に入っている。

5 出版社は3階に入っている。

対応表の
作り方に慣れる
ことが大切

この問題の特徴

　対応表を作って考える問題です。対応関係は，多くの問題を解いて対応表の作り方に慣れていけば，正答率が高くなりますが，本問は「3集合間の1対1対応関係」の問題で，やや複雑になっています。

解説

　条件ア，イ，ウより，表1，2が得られる。表2では，旅行会社が1階であることを線で結んで示しており，旅行会社と1階では○と×が完全に一致することに注意する。

表1

	出版	旅行	調査	食品	1階	2階	3階	4階
A					×	×		
B			×	×	×	×		
C	×	×				×		×
D								

表2

	出版	旅行	調査	食品	1階	2階	3階	4階
A	×	×			×	×		
B	○	×	×	×	×	×		
C	×	×				×	×	×
D	×	○	×	×	○	×	×	×

　さらに，B社は3階か4階であるが，3階とするとその下にすでに旅行会社（1階）が入っているので，条件ウと矛盾する。したがって，B社は4階であることがわかり，条件ウより最終的に表3を得る。

表3

	出版	旅行	調査	食品	1階	2階	3階	4階
A	×	×	○	×	×	×	○	×
B	○	×	×	×	×	×	×	○
C	×	×	×	○	○	×	×	×
D	×	○	×	×	○	×	×	×

　よって，正答は**1**である。

正答
1

数量関係

理想解答時間 5分
合格者正答率 50%

数量関係の
絡んだ問題が多い

1〜8の数字が書かれたカードがたくさん入っている箱から，A，B，Cの3人が3枚ずつカードを引いた。次のことがわかっているとき，Cの持ちうるカードをすべて挙げているものはどれか。

A は同じ数を3枚引いた。この数字の和はCの引いた3枚の数字の和より3大きい。
B は連続する3つの数を引いた。その和はAの和に等しい。
C はA，Bが引いていない数を引いた。そのうち2枚は同じ数字であった。

1　1，7
2　2，5
3　2，8
4　1，2，7，8
5　2，3，5，6，8

この問題の特徴

だれがどのカードを持っているかの対応関係に，数字の合計なども絡んだ問題です。公務員試験では最近，このような数量関係の絡んだ問題が増えています。

本問では，Aが引いた数字について，範囲を狭めたうえで場合に分けて考えます。

解答のコツ

Aが引いた数字について，範囲を狭めたうえで場合に分けて考えます。

解説

A が数字 a を3枚引いたとすると，B は $a-1$，a，$a+1$ の3つの数字を引いたことになる。C は $a-1$，a，$a+1$ 以外の数字，c を2枚，d を1枚引いた。

仮定より，$2c+d=3a-3$
$1 \leq a-1 < a < a+1 \leq 8$ より，$2 \leq a \leq 7$
・$a=2$ のとき，$2c+d=3$
4，5，6，7，8で，これを満たす整数の組は存在しない。

・$a=3$ のとき，$2c+d=6$
1，5，6，7，8で，これを満たす整数の組は存在しない。
・$a=4$ のとき，$2c+d=9$
1，2，6，7，8で，これを満たす整数の組は $(c, d) = (1, 7)$
・$a=5$ のとき，$2c+d=12$
1，2，3，7，8で，これを満たす整数の組は $(c, d) = (2, 8)$
・$a=6$ のとき，$2c+d=15$
1，2，3，4，8で，これを満たす整数の組は存在しない。
・$a=7$ のとき，$2c+d=18$
1，2，3，4，5で，これを満たす整数の組は存在しない。

以上より，Cの持ちうるカードは，1，2，7，8で正答は**4**である。

PART
III
過去問の徹底研究

正答
4

うそつき問題

理想解答時間 **3分**

合格者正答率 **70%**

A～Dの4人は1組から4組までのいずれかの生徒である。同じクラスの者はいない。次のうち，AとBはうそを言い，CとDは本当のことを言っている。このとき正しいのはどれか。

> 矛盾が生じるかどうかを調べて解く

1組の生徒「私はAである」
2組の生徒「Aは3組の生徒である」
3組の生徒「Bは4組の生徒である」
4組の生徒「私はDである」

1　Aは3組の生徒である。

2　Bは2組の生徒である。

3　Cは3組の生徒である。

4　Dは2組の生徒である。

5　Aは4組の生徒である。

この問題の特徴

　いくつかの発言者の中にうそつきが混じっている問題です。だれかの発言が正しい（あるいは誤り）と仮定して，矛盾が生じるかどうかを調べて解くのが一般的です。本問の場合は，うそつきであるA・Bを早めに確定したいので，1組の生徒の発言から調べるのがコツです。

解答のコツ

　1組の生徒の発言が正しいと仮定して，矛盾が生じるかどうかを調べていきます。

解説

・1組の生徒「私はAである」

　この発言が正しいとすると，発言者はAである。ところが，Aはうそを言うからこれはありえない。ということは，この発言者はA以外のうそつき。ということはBである。Bは1組の生徒。

　このことから，3組の生徒「Bは4組の生徒である」はうそ。残ったうそつきはAのみ。Aは3組の生徒。

・4組の生徒「私はDである」

　もううそつきはいないから，この発言は正しい。Dは4組の生徒。

・2組の生徒「Aは3組の生徒である」の発言も正しく，残ったCは2組の生徒。

　よって，正答は**1**である。

正答 **1**

平面図形

理想解答時間 **5**分　合格者正答率 **60**%

図Ⅰのような2×5の長方形を，図Ⅱにある2×1の長方形，2×2の正方形で透き間なく敷き詰めたい。図Ⅱの長方形，正方形は重ねてはいけないものとし，また2×2の正方形は使わなくてもよいものとすると，敷き詰め方は全部で何通りあるか。

1つずつ並べていくのが実戦的なやり方

1　13通り
2　15通り
3　17通り
4　19通り
5　21通り

図Ⅰ　　　　　　図Ⅱ

この問題の特徴

　図形を組み合わせて指定された図形を作る問題です。

　1つずつ並べていくのが実戦的です。2×2の正方形を使う並べ方は，2×1の長方形2つに代えて並べられることを意識しておくとよいでしょう。

解答のコツ

　1つずつ並べていきます。2×2の正方形を使う並べ方は，2×1の長方形2つに代えて並べられます。

解説

　まず，2×1の長方形5枚で敷き詰めることを考えると，5枚とも縦にして並べるのが1通り，その中から隣り合う2枚を横にして並べるのが4通り，1枚だけを縦にして並べるのが3通りで，全部で8通りある。次に，2×1の長方形を3枚，2×2の正方形を1枚使うと，2×1の長方形を3枚とも縦にする並べ方が4通り，1枚だけを縦にする並べ方が6通りで，10通りである。さらに，2×1の長方形1枚，2×2の正方形2枚を使う並べ方が3通りあるから，合計で8＋10＋3＝21〔通り〕となり，正答は**5**である。

正答
5

空間図形の切断

理想解答時間 ▼▼▼ 3分　合格者正答率 60%

正12面体を1つの平面で切断したとき，切断面の図形としてありえないものは次のうちどれか。

1　正三角形

2　正方形

3　正六角形

4　正八角形

5　正十角形

難問だが解ければ
自信になる

この問題の特徴

　正十二面体を1つの平面で切断する問題です。その場で考えようとすると混乱するような難しい問題で，学習を始めたばかりでは正答することは難しいでしょう。しかし，パターン化された問題なので，あらかじめ正十二面体など正多面体について覚えておくことで正答率を上げることができます。

解答のコツ

　正十二面体の概形をつかんでおきましょう。

解説

　正十二面体を1つの平面で切断したとき，切断面の図形として現れる正多角形は，次の図のように正三角形，正方形，正五角形，正六角形，正十角形のいずれかであり，切断面を正八角形とすることはできない。

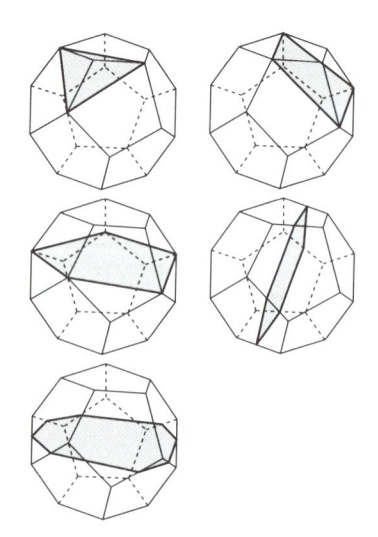

よって，正答は**4**である。

正答
4

展開図

理想解答時間 **3分**　合格者正答率 **70%**

次の図の立体は立方体の一部を切り取った図形である。A，B，Cの展開図のうち，組み立てたときにこの立体となるものをすべて挙げているのはどれか。ただし，A，B，Cの展開図とも太線部分に切り込みを入れ，破線部分を折るものとする。

いつ出題されても
おかしくない

1　Aのみ
2　Bのみ
3　AとB
4　AとC
5　BとC

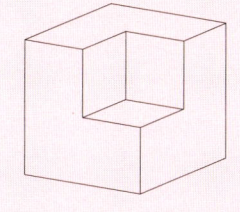

A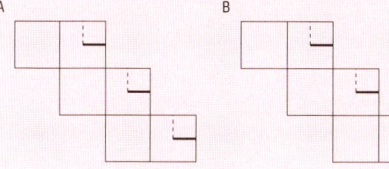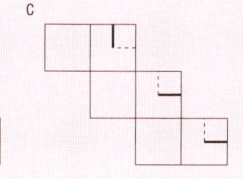

この問題の特徴

立方体（正六面体）の展開図の応用的な問題です。1つの頂点に集まる面が展開図でどのように表されるかがわかれば正答できます。

解答のコツ

立方体（正六面体）の展開図の仕組み，1つの頂点に集まる面の様子を理解する。

解説

立体の切り取られた部分にある面に1，2，3と番号を付け，A〜Cの展開図についても，切り込みを入れる3つの面を集めて，折り曲げた面が1〜3のどの面になるか考えてみればよい。

図のようにAでは1〜3の面に1つず

つ対応するが，BおよびCでは同じ部分になる面が2つできてしまう。したがって，問題の立体を組み立てることができるのはAだけである。

よって，正答は**1**である。

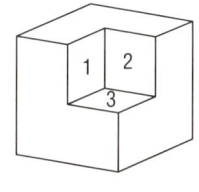 A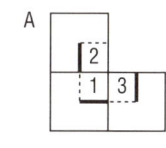

B 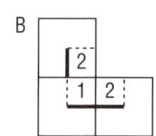 C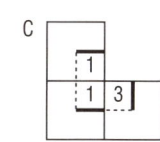

正答
1

空間図形の切断

理想解答時間 **5分**　合格者正答率 **60%**

難問だが解ければ
自信になる

立方体ABCD-EFGHがある。I，J，Kはそれぞれ辺AE，BF，CGの中点とする。立方体から，三角形ABC-IJKを切り取る。線分DC，AC，IK，DHの中点をそれぞれL，M，N，Pとし，線分PKの中点をOとする。次に三角柱CLM-KONを切り取る。この立体を点A，D，Gを通る平面で切ったときの断面の形は次のうちどれか。

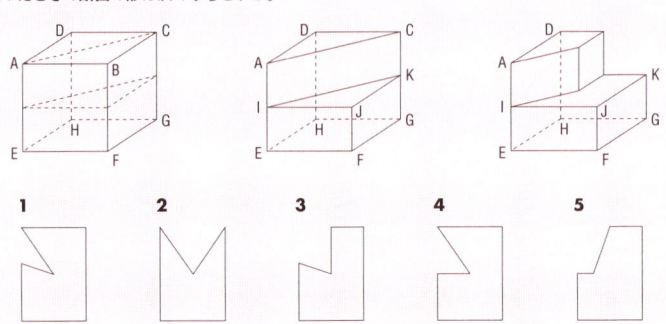

この問題の特徴

本問は複雑な形の立体を切断することになっています。いきなり複雑なものを考えても混乱するので，まず一番左の立方体で切断面を考え，その後で中央・右の立体で切り取られる部分を除くようにします。

解説

A，D，Gを通る平面は最初の立方体の面AFGD。切り口は2辺の比が1：$\sqrt{2}$の長方形（図1）。この形から2つの三角柱を切り落としていくことを考える。

平面IJKで横半分に切ると長方形が横に半分に切られる（図2）。次に平面AFGDで斜めに切ると，長方形は対角線で切られる（図3）。これらの2面で同時に切り，三角柱ABC-IJKを取り除くと，長方形の左上の三角形が切り取られることになる（図4）。

それを見やすくしたのが図5である。そして今度は三角柱CLM-KONを取り除くがそれは長方形には影響はない。

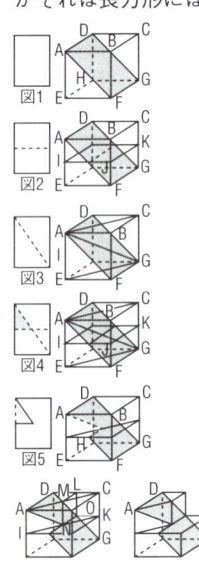

よって，正答は**4**である。

正答
4

整数問題

理想解答時間 **3分**

合格者正答率 **80%**

A君は1冊の本を毎日ある一定のページ数ずつ読んで10日間で読み終えるよう計画しました。しかし，実際には6日目はまったく読めず，7日目はいつもより2割増しのページを読み，8日目〜10日目はいつもより10ページ多く読んで，10日目には2ページ読み残した。この本の総ページ数は次のうちどれか。

1　340ページ

2　360ページ

3　380ページ

4　400ページ

5　420ページ

受験時には100%
正答したい

この問題の特徴

読んだ本の総ページ数を求める問題です。特に明記はされていませんが，$\frac{1}{3}$ページとか0.5ページといった分数や小数は考えなくてよいものです。

解答のコツ

最終的には総ページ数を求めるのですが，本問を解く際には，1日当たりの予定ページ数をxとして式を立てるのがコツです。

解説

1日当たりの予定ページ数をxページとすると，題意より，

$$5x+0+x\times(1+0.2)+(x+10)\times3=10x-2$$

$$5x+1.2x+3x+30=10x-2$$

$$9.2x+30=10x-2$$

$$-0.8x=-32$$

$$\therefore\ x=40〔ページ〕$$

したがって，この本の総ページ数は，

$$10x=10\times40=400〔ページ〕。$$

よって，正答は**4**である。

正答
4

覆面算

理想解答時間 **4分**

合格者正答率 **70%**

A〜Dが1〜9の異なる自然数を表しているとき，次の計算式が成り立つようなA〜Dの総和はいくらか。ただし，D>A>B>Cとする。

受験時にはできるだけ正答したい

```
    A          B
  + B        + B
  ̄CC ̄        ̄D ̄
```

1 16

2 17

3 18

4 19

5 20

この問題の特徴

筆算の式の中に記号を入れて，その記号が表す数字を求める本問のような問題を覆面算といいます。

解答のコツ

1ケタの自然数の和なので，繰り上がる場合と繰り上がらない場合を考えることで，当てはまる数字の範囲を絞り込むことができます。

解説

A＋B≦15であるから，左側の計算式より，C＝1がまずわかる。また，右側の計算式で2Bが1ケタだから，B＜5でなければならない。すなわち，(B, D)＝(2, 4)，(3, 6)，(4, 8)

このときA＋B＝11より，(A, B, D)＝(9, 2, 4)，(8, 3, 6)，(7, 4, 8)

D>Aを満たすものは，(A, B, D)＝(7, 4, 8)のみである。

以上より，A＋B＋C＋D＝7＋4＋1＋8＝20となる。

よって，正答は**5**である。

正答 **5**

教養試験 **5月型・7月型**
数的推理

速さと時間・距離

理想解答時間 **3分**
合格者正答率 **70%**

P市とQ町は1本道で通じている。AはP市を午前10時に出発してQ町に午前10時30分に到着した。BはQ町を午前10時10分に出発してP市に午前11時に到着した。2人はそれぞれ一定の速さで歩いたとすると，途中でAとBが擦れ違った時刻として正しいものは，次のうちどれか。

1 午前10時21分30秒

2 午前10時22分30秒

3 午前10時23分30秒

4 午前10時24分30秒

5 午前10時25分30秒

数的推理の
頻出テーマの
一つ

この問題の特徴

ある地点と別の地点の間で人が行き来するときの，速度や時刻，擦れ違ったり追い抜いたりする場所に関する問題は数的推理の頻出テーマの一つです。

解答のコツ

頭の中で考えているよりも，グラフを書いて移動の様子を整理するほうが確実です。

解説

AがBに出会うまでにかかる時間は，右のグラフより30分を3：1に分けるところだから，

$$30分 \times \frac{3}{3+1} = 30分 \times \frac{3}{4} = \frac{45}{2}分 = 22分$$

30秒。

よって，正答は **2** である。

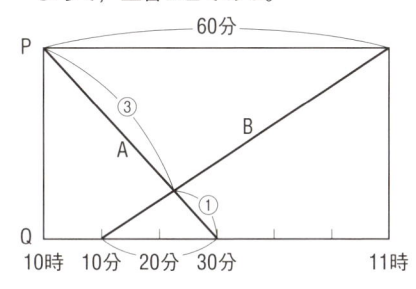

正答
2

確率

理想解答時間 **4分**

合格者正答率 **60%**

A，B，Cの3人でじゃんけんを行い順位を決めることになった。1回目のじゃんけんで1人が勝てばその者が1位となり，残りの2人でさらにじゃんけんを行い，そこで勝った者が2位，負けた者が3位となる。1回目のじゃんけんで1人が負ければその者が3位となり，残りの2人でさらにじゃんけんを行い，そこで勝った者が1位，負けた者が2位となる。いずれの場合も「あいこ」になったときはさらにじゃんけんを行うものとする。このとき，2回のじゃんけんで3人の順位が決定される確率として，正しいものは次のうちどれか。

いつ出題されても
おかしくない

1 $\dfrac{1}{9}$　　**2** $\dfrac{2}{9}$　　**3** $\dfrac{1}{3}$　　**4** $\dfrac{4}{9}$　　**5** $\dfrac{5}{9}$

この問題の特徴

確率というと難しく感じる受験者も多いのですが，公務員試験では抽象的な大きな数字の確率を求めることはあまりありません。本問では，2回のじゃんけんで3人の順位が決まる場合を順番に考えていけば正答できます。

解答のコツ

2回のジャンケンで3人の順位が決まる場合をすべて考えます。

解説

1回目のじゃんけんを3人で行うと，3人に3種類ずつの手の出し方があるので，全部で$3^3=27$〔通り〕の組合せが考えられる。このうち，1人だけが勝つのは，A，B，Cのだれが勝つかで3通り，勝った者の出した手がグー，チョキ，パーのいずれであるかで3通りだから，1人だけが勝つ場合は$3^2=9$〔通り〕である。また，2人が勝つのは1人だけが負ける場合であるから，1人だけが勝つ場合と同様であり，やはり9通りである。したがっ

て，1回目のじゃんけんを行ったとき，

1人だけが勝つ確率は$\dfrac{9}{27}=\dfrac{1}{3}$，

2人が勝つ確率も同様に$\dfrac{1}{3}$となる。

2回目のじゃんけんを2人で行う場合，2人の手の出し方は$3^2=9$〔通り〕あり，このうち「あいこ」になるのは2人の出した手が同じになる3通りである。残りの6通りは2人のうちのいずれかが勝つのだから，2人でじゃんけんを行ったときに勝負が決まる確率は$\dfrac{6}{9}=\dfrac{2}{3}$である。

以上から，2回のじゃんけんで3人の順位が決まる確率は，1回目で1位が決まり2回目で2位，3位が決まる確率と，1回目で3位が決まり2回目で1位，2位が決まる確率との和だから，

$$\dfrac{1}{3}\times\dfrac{2}{3}+\dfrac{1}{3}\times\dfrac{2}{3}=\dfrac{4}{9}$$

よって，正答は**4**である。

正答
4

平面図形

理想解答時間 **3分**

合格者正答率 **70%**

図のように，一辺が10の正方形ABCDがある。今，辺ADを7：3に内分する点をP，辺CDを3：7に内分する点をQとし，AQとBPの交点をMとするとき，BM：MPの値として正しいのは次のうちどれか。

1 60：37

2 70：31

3 80：41

4 90：43

5 100：49

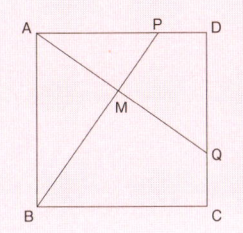

問題を数多く解けば力がつく

この問題の特徴

平面図形の辺の長さや面積を求める問題です。必要になる知識は「三平方の定理」など，いつも同じようなものばかりなので，問題を数多く解けば，おのずと正答率が上がります。

解答のコツ

AQを延長して作られる三角形で，三角形の相似比を用いて辺の長さを比で表すようにします。

解説

AQの延長とBCの延長の交点をNとする。AD//NCであるから，

AD：NC＝DQ：CQより，

10：NC＝7：3

∴ $NC = \dfrac{30}{7}$

$BN = BC + NC = 10 + \dfrac{30}{7} = \dfrac{100}{7}$

$BM : PM = BN : PA = \dfrac{100}{7} : 7$

$= 100 : 49$

よって，正答は**5**である。

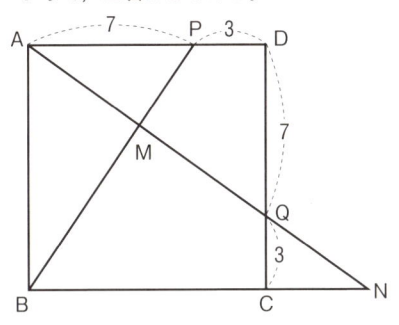

正答 **5**

教養試験 5月型・7月型
資料解釈

数表の読み取り

理想解答時間 **3**分　合格者正答率 **80**%

次の表は，ある国の1980年から1989年の麻薬犯罪の検挙状況を1980年の値を100として指数化したものである。この表から判断して正しくいえることはどれか。

指数の問題は実数とは異なることに注意

区分＼年次	1980	1981	1982	1983	1984	1985	1986	1987	1988	1989
検挙件数	100	97	75	118	109	135	189	197	201	225
検挙者数	100	88	69	97	120	166	203	224	279	304
押収量	100	99	103	121	142	184	221	252	299	337

1 1985年の検挙件数1件当たりの平均の押収量と，1988年のそれを比べると，前者が後者を上回っている。

2 1984年以降，検挙者数は，年々20人以上増加している。

3 1980年と1981年を比べると，検挙した1人当たりの押収量は減少している。

4 1981年から1984年の検挙者数の伸び率と，1986年から1989年のそれを比べると，前者が後者を下回っている。

5 1983年の検挙件数の対前年比と，1986年のそれを比べると，前者が後者を下回っている。

この問題の特徴

数表の問題とグラフの問題の割合は半々となっています。本問は指数についての問題なので，実数とは異なることに注意しましょう。

解説

1 × 誤り。1985年の検挙件数1件当たりの平均押収量1.36に対して，1988年は1.49である。

2 × 誤り。この表は1980年を100とする指数で表されており，実数は示されていないので，検挙者数を判断することはできない。

3 × 誤り。1980年と81年を比べると，検挙者数は88％に減少しているのに対し，押収量は99％となっているから，1人当たりの押収量は増えていることになる。

4 ◎ 正しい。検挙者数の伸びは，1981年から84年にかけては1.36，1986年から89年にかけては1.50である。

5 × 誤り。検挙件数の対前年比は，1983年には1.57，1986年には1.40である。

正答 **4**

No.50 グラフの読み取り

理想解答時間 4分 合格者正答率 70%

図は，A国およびB国の産業別就業人口を百分率で表したものである。この図から正しくいえることは次のうちどれか。ただし，A国とB国の商業人口はほぼ同数である。

問題文中のヒントを手がかりにするとよい

産業別就業人口割合

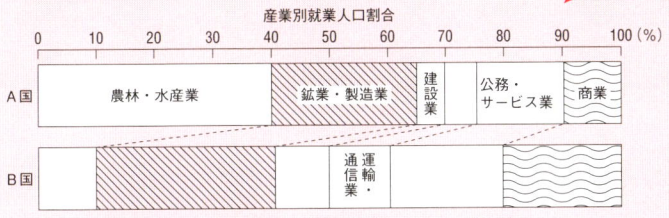

1 A・B両国を合わせて一体化すると，商業の就業人口は15%に達しない。

2 A国の農林・水産業の就業人口はB国の6倍である。

3 A国とB国の公務・サービス業の就業人口はほぼ等しい。

4 B国の就業人口がその割合を変えずに約20%増加したとすると，A国・B国の鉱業・製造業の就業人口はほぼ同じになる。

5 A国の就業人口がその割合を変えずに約30%増加したとすると，A国・B国の運輸・通信業の就業人口はほぼ等しくなる。

この問題の特徴

数表の問題とグラフの問題の割合は半々となっています。本問は「A国とB国の商業人口はほぼ同数」というヒントがあるので，これを手がかりにするとよいでしょう。

解答のコツ

A国とB国の商業人口はほぼ同数で，A国の商業人口の割合が10%，B国の商業人口の割合が20%ですから，A国の就業人口はB国の2倍とわかります。そこで，A国の就業人口を200，B国の就業人口を100，合計300として考えます。

解説

1 ◎ 正しい。商業は $200 \times 0.1 + 100 \times 0.2 = 40$ で，合計300に対して13.3%である。

2 × 誤り。農林・水産業は，A国で $200 \times 0.4 = 80$，B国で $100 \times 0.1 = 10$ だから，8倍である。

3 × 誤り。公務・サービス業は，A国で $200 \times 0.15 = 30$，B国で $100 \times 0.2 = 20$ で等しくない。

4 × 誤り。鉱業・製造業は，A国で $200 \times 0.25 = 50$，就業人口が20%増えたB国で $120 \times 0.3 = 36$ で等しくない。

5 × 誤り。運輸・通信業は，A国で $200 \times 0.05 = 10$，就業人口が30%増えたB国で $130 \times 0.1 = 13$ で等しくない。

正答 1

基本的人権

理想解答時間 **4分**　合格者正答率 **80%**

最高裁判所の判例の知識が必要

憲法に規定する基本的人権は，私人相互間において侵害されるケースがある。この私人間における人権侵害と憲法とのかかわりについて，正しいものはどれか。

1　人権保障規定は，国と個人との間の法律関係を律するもので，私人相互間の問題については，憲法の関知するところではない。

2　憲法の人権規定は，いかなる様態による人権侵害をも許さない旨を規定したものであり，私人の私人に対する人権侵害行為は当然に無効である。

3　憲法の規定は，公権力による人権侵害行為を禁止したものであるが，その趣旨は私人間の行為にも準用され，人権を侵害された個人が国に対して損害賠償を求める根拠となる。

4　著しく不合理な私人の行為により，個人の基本的人権が侵害され，このことが人権保障についての憲法の精神を否定すると考えられる場合，公の秩序に反するものとしてその行為は無効となる。

5　憲法は基本的に私的自治の拡充をめざしており，私人間の行為は私的自治の理念に照らして律せられるものであって，憲法がこのことに一定の判断をすることは自己矛盾となる。

この問題の特徴

本問は，基本的人権の適用範囲・制約のテーマからの出題です。このテーマからは，警視庁だけでなく，5月型・7月型でも頻繁に出題されます。

解答のコツ

本問は，私人間効力の問題について，最高裁判所がとっている間接適用説の理解ができていれば，正答を選ぶことができます。正答の選択肢4はそもそも間接適用説の説明ですし，他の選択肢もこの立場から考えて誤りであると判断できます。

解説

1×　誤り。私人間効力の問題については，どの立場に立っても，憲法が明文で規定する秘密選挙の原則の規定は，私人間に直接適用される。また，明文で規定されていない場合であっても，憲法は国の最高法規であるから，私人相互間の問題についても憲法の理念は尊重される。

2×　誤り。憲法は，国家・地方公共団体と国民（私人）との関係を規律する公法である以上，私人の私人に対する人権侵害行為に対しては，原則として憲法が直接適用されないため，当然に無効となるとはいえない。

3×　誤り。憲法の趣旨が私人間の行為に準用されるとは考えられていない。

4◎　正しい。憲法の私人間効力の問題について，判例・通説は，民法90条などの私法の一般条項を媒介として憲法の人権規定を適用すべきとする「間接適用説」の立場に立つ。

5×　誤り。判例・通説は，私人間における個人の基本的な自由や平等に対する具体的な侵害の態様や程度が社会的に許容される限度を超えるときには，憲法の人権規定を間接的に適用すると解しており，憲法が私人間の行為について一定の判断を下すことが自己矛盾であるとはいえない。

正答 4

No.2 国会・内閣

理想解答時間 **3分**　合格者正答率 **90%**

受験時には100%正答したい

憲法に関する記述として，妥当なものはどれか。

1 両議院の議事は，特別の定めのある場合を除き，出席議員の過半数で決するものとし，可否同数の場合は再表決することなく議長の決するところによる。

2 両議院の議員には免責特権が認められているので，議員たる国務大臣が国務大臣として議院でなした発言等についても，免責を受ける。

3 不逮捕特権は，国会の会期中に限って認められているが，閉会中であっても委員会が継続審議中の場合は，委員の不逮捕特権が認められている。

4 内閣総理大臣が，国務大臣を罷免するにあたっては，閣議にかけて他の国務大臣の意見を聞いたうえで，全会一致で決定される。

5 国務大臣は，何時でも議案について発言するために議院に出席することができる権利を有しているが，答弁や説明のため出席することを求められたとしても，必ずこれに応ずる義務を負うものではない。

この問題の特徴

　本問は，憲法の国会と内閣の分野からの出題で，この分野の憲法の条文の知識を問う問題です。国会と内閣の分野は特に条文の知識が重要です。出題されるポイントは限定されていますので，正確な知識を身につけておく必要があります。

　正答率は，初学者で40%，受験時で90%程度であると推測できます。

選択肢の難易度

　正答の選択肢**1**と**4**・**5**は条文をそのまま問う選択肢ですので判断は容易でしょう。これに対し，**2**・**3**は条文を前提にした関連知識を問う選択肢となっているぶんだけ，やや細かい知識であるといえます。

解説

1◎　正しい。本肢のとおりである。

2×　誤り。発言の免責特権は，議員に認められた特権であるから，議員の身分を有する国務大臣であっても，国務大臣として行った発言については免責されない。

3×　誤り。不逮捕特権は会期中にのみ認められる特権であるから，閉会中の継続審議における委員には認められない。

4×　誤り。国務大臣の罷免は，内閣総理大臣が単独で決定することができ，閣議にかける必要はない。

5×　誤り。国務大臣は議院への出席を求められたときは，出席する義務を負っている。

PART III 過去問の徹底研究

正答 **1**

刑法の基礎

理想解答時間
4分

合格者正答率
70%

憲法以外の法律も
さえておくべき

刑法第36条「正当防衛」に関する記述として，妥当なものはどれか。

1 正当防衛にいう「侵害」とは，客観的な違法性では足りず，可罰的違法性や有責性を要する違法行為をいう。

2 正当防衛が成立するには，防衛の意思が必要であるが，相手の加害行為に対する憤激，憎悪が伴った場合においては，正当防衛は成立しない。

3 正当防衛の程度を超えた行為を過剰防衛といい，違法性は阻却され，必ずその刑は減軽又は免除される。

4 正当防衛において「やむを得ずにした行為」とは，急迫不正の侵害に対する行為が，自己又は他人の権利の防衛手段として必要かつ相当であることを要し，他にとるべき手段がなかったことは要しない。

5 正当防衛にいう「急迫」とは，法益の侵害が現に存在しているか，又は間近に押し迫っていることを意味しているが，その侵害があらかじめ予期されていた場合には，直ちに急迫性を失うことになる。

この問題の特徴

教養試験の政治の分野で出題される法律は，通常は憲法が中心となるのですが，警視庁では，憲法以外の法律も出題されるので，準備が必要です。憲法以外の法律としては，行政法，民法，刑法，労働法などがありますが，警視庁では，本問の刑法のほか，行政法や民法が多く出題されます。基礎的な部分を押さえておけばよいでしょう。

本問の正答率は，初学者で30%，受験時で70%程度であると推測できます。

選択肢の難易度

どの選択肢もある程度刑法の学習をしていないと判断しにくいといえます。ただし，正答の選択肢4は，正当防衛と対比されることの多い緊急避難との違いを思い出せば，正しいと判断しやすいと思われます。

解説

1× 誤り。正当防衛にいう「侵害」は，正当防衛が成立するための要件であって，

その侵害行為を行った者を処罰するための要件ではないから，「侵害」と認められるために可罰的違法性や有責性は不要である。

2× 誤り。判例は，正当防衛が成立するためには防衛の意思が必要であるとするが，相手方の加害行為に対して憤激または逆上して反撃を加えたからといって，直ちに防衛の意思を欠くと解するべきでないとする。

3× 誤り。過剰防衛については，必ずではなく，情状により任意的に刑が減軽または免除される。

4◎ 正しい。判例は，本肢のように判示している。

5× 誤り。判例は，法益の侵害があらかじめ予期されていた場合でも，直ちに急迫性を失うものではないとする。なお，前半の急迫の意味については正しい。

正答
4

教養試験　警視庁

政治

権力分立

理想解答時間 **3**分

合格者正答率 **80**%

次の文中の空欄A，Bに該当する政治思想家はだれか。

出題は減っているが 出題可能性はあり

フランス人権宣言に見られる権力分立の原則は，国家の専制を防止し，国民の自由を確保するためのものである。この原則は（　A　）や（　B　）によって主張された。（　A　）は主に立法権と執行権の区別を強調し，（　B　）は立法権・執行権・司法権の分離を主張し，この三権が相互に抑制均衡することによって国民の権利が確保できると主張した。（　B　）の考えはアメリカ合衆国の統治構造に強い影響を与えた。

	A	B
1	ロック	モンテスキュー
2	ホッブズ	ジェファーソン
3	ルソー	モンテスキュー
4	ルソー	ジェファーソン
5	ロック	ホッブズ

この問題の特徴

　権力分立は，最近は出題が減っていますが，今後も出題される可能性はありますし，何よりも憲法の基本原理の一つですから，理解を深めておけば他の分野でも役立つでしょう。

　本問は権力分立に関する政治思想家についての問題ですので，権力分立についての深い理解がなくても正答は可能です。

　穴埋め形式の問題でもあることから，正答率は，初学者で40%，受験時で80%程度であると推測できます。

解答のコツ

　本問のような思想家の問題については，有名な思想家の思想のキーワードや主著の知識だけで判断できるものも多くあります。

　特に，「三権分立」の提唱者がモンテスキューであることは，過去問で頻出の知識ですから，これが押さえてあれば，選択肢は2つに絞られ，正答に近づくことができ

ます。

解説

A：「ロック」が該当する。ロックは，議会と国王の二権の間での権力分立を説き，議会の有する立法権が国王の有する執行権・連合権（外交権）に優位すると説いた。

B：「モンテスキュー」が該当する。モンテスキューは，立法権・執行権・司法権の三権分立を説き，アメリカ合衆国の大統領制に大きな影響を与えた。

　なお，選択肢にあるホッブズとルソーは権力分立には否定的であった。また，ジェファーソンはアメリカ合衆国の第3代大統領である。

　よって，**1**が正答である。

正答 **1**

比例代表制

理想解答時間 **3分**　合格者正答率 **90%**

各種選挙制度の短所に関する記述のうち，比例代表制の短所に該当するものはどれか。

1　小党分立を招き，政局が不安定になりやすい。

2　地方の有力者に有利で地盤の固定化が進む。

3　個人後援会などで多額の選挙資金がかかる。

4　議席につながらない死票が多く，少数勢力は議会に代表されない。

5　同一政党から複数の候補が出るので個人本位の選挙運動となる。

> いつ出題されても
> おかしくない

この問題の特徴

本問は，選挙制度のテーマからの出題です。日本の選挙制度のテーマでの時事的な問題，憲法における参政権などとも関連するため，これらを含めて考えると，いつ出題されてもおかしくないテーマであるといえます。

基礎知識があれば容易に正答に達することができる問題であるため，正答率は，初学者で40%，受験時で90%程度であると推測できます。

解答のコツ

選挙制度の問題については，他の選挙制度との対比を考えると理解しやすいでしょう。本問であれば，対極的な位置づけの小選挙区制との違いを考えるべきです。そうすると，一方の長所が他方の短所となっている項目が多いことに気づくでしょう。

また，正答の選択肢1について，解説にもありますが，なぜ小党分立の状態が生ずると政局が不安定となるのかについては，重要でありながら見落としがちの知識ですので，十分に理解しておくべきです。

解説

1◎　正しい。比例代表制では小政党にも議席が配分されうるから，小党分立により連立政権となりやすいため，政局が不安定になりやすい。

2×　誤り。本肢は，選挙区が比較的狭いことから生じるから，小選挙区制の短所である。

3×　誤り。比例代表制では政党への投票が主流となるため，個人後援会の重要性は低下するから，本肢のような点は比例代表制の短所とはならない。

4×　誤り。本肢は，第2位以下の候補者がすべて落選とされるために生じるから，小選挙区制の短所である。

5×　誤り。比例代表制では，一般に政党本位の選挙となる。本肢は大選挙区制の短所である。

正答
1

世論とマスコミ

理想解答時間 **3分**
合格者正答率 **90%**

世論とマス・コミュニケーションの関係についての次の記述のうち，マス・コミュニケーションの役割として正しいものはどれか。

1　当事者間の討論を活発化させ，世論が形成されるのに期待する。

2　世論を操作する。

3　世論を誘導して，国家の利益に尽くす。

4　意見の伝達をすることによって，世論形成に寄与する。

5　世論の自律的形成のために，積極的な役割は期待されていない。

「知る権利」の理解を深めておくことは重要

この問題の特徴

世論とマスコミは，それ自体の出題が多いわけではありません。しかし，基本的人権の一つである表現の自由を情報の受け手となった国民の側から再構成した「知る権利」の問題とも関連するため，理解を深めておくことは有意義です。

また，本問のように，試験本番で正答を選ぶ際に，暗記した知識のみを使うのではなく，最小限の知識を前提に，試験会場においても，その場で考えることで正答を選び出す方法に慣れておく必要があります。

正答率は，初学者で50％，受験時で90％程度であると推測できます。

解答のコツ

マスコミが持つ特徴を理解できていれば，現場思考で正答に達することができます。逆に，暗記した知識のみに頼ると不正解を選ぶことになる危険もあるでしょう。

解説

1×　誤り。マス・コミュニケーションの発達は，情報の送り手と受け手を固定化する側面があるため，当事者間の討論が難しくなる。

2×　誤り。世論が操作される危険性があることが，マス・コミュニケーションの発達の大きな問題点である。

3×　誤り。マス・コミュニケーションには，活発な討論による世論形成のための情報提供が期待されており，世論の誘導があってはならない。

4◎　正しい。マス・コミュニケーションにより多種多様な意見や情報が伝達されることで，国民間で活発な議論が行われる結果，世論が形成される。

5×　誤り。世論の自律的形成のためには国民に必要な情報が十分に行き渡ることが必要であるが，今日の複雑化した社会においては，国民は自力で必要な情報を収集するには限界がある。そこで，これを補うために，マス・コミュニケーションによる国民への情報伝達の役割が期待される。

PART III

過去問の徹底研究

正答 **4**

インフレーション対策

理想解答時間
3分

合格者正答率
60%

インフレーションが進行しているとき，とるべき対策はどれか。

1　設備投資を促進させ経済の活性化を図る。

2　貨幣供給量を減らす。

3　個人による消費の活性化のために減税を行う。

4　財政支出を増やして歳出を多くする。

5　民間の投資意欲を喚起するため金融機関の貸出金利を引き下げる。

> 警視庁で周期的に
> 出題されるテーマ

この問題の特徴

経済政策（財政政策・金融政策）は，5月型・7月型，警視庁で周期的に出題されるテーマの一つです。

本問では，政策の具体的な内容が記述されているため，難しくなっています。しかし，高校での学習範囲でもあることから，学習開始時に正答できる人は20%程度いるでしょう。

解答のコツ

公務員試験では，1つのことがいろいろな表現・語句を用いて出題されることがあります。ですから，出題された語句や表現を言い換えるとどのようになるかを検討してみるのも一つの工夫です。

本問の場合，インフレーションとは財・サービスの価格が持続的に上昇することですから，財・サービスの価格を引き下げる方向に働くもの，すなわち「需要を減らす」ものを考えればよいのです。

また別の置き換え方法として，選択肢2の「貨幣供給量を減らす」は「金融引締め政策をとる」に，選択肢4の「財政支出を増やして歳出を多くする」は「財政拡張政策をとる」といったように置き換えていくと，テキストでの学習内容そのものになるでしょう。

解説

インフレーションとは，物価が上昇することであり，一国全体で総需要が総供給を上回る状況である。よって，総需要を減らす政策を答えればよい。

1× 誤り。設備投資が増えると，総需要が増える。

2◎ 正しい。

3× 誤り。消費が増えると，総需要が増える。

4× 誤り。財政支出が増えると，総需要が増える。

5× 誤り。民間の投資意欲が増えると，総需要が増える。

正答
2

経済用語

理想解答時間 **2分**　合格者正答率 **60%**

経済に関する用語の説明として，妥当なものはどれか。

1 ストックオプションとは，会社が自社の株式を一定期間保有した後，市場での売買価格以下の特別の価格で，従業員や役員が株式を購入できる権利をいう。

2 スタグフレーションとは，デフレーションで物価が下落し企業の生産が落ち込み，売り上げの減少が従業員の所得の減少をまねき，さらなる需要減少と物価下落に陥る悪循環のこと。

3 ダンピングとは，主要な大企業が国内市場を支配し，いわゆる新規企業等の市場参入を阻止するため，不当に価格を下げることをいう。

4 オープン・マーケット・オペレーションとは，中央銀行が一般公開の市場において通貨量を調節する金融政策のことで，預金準備率操作ともいう。

5 デリバティブとは，為替や金利，株式，債券などの金融商品から派生した金融商品のことで，先物取引，オプション取引，スワップ取引などがその代表である。

経済用語の意味だけを問う珍しい問題

この問題の特徴

経済用語の意味だけを問う問題というのは，比較的珍しいのですが，5月型・7月型，警視庁のいずれにおいても，なんらかの形で経済用語の意味を問われることが多いので要注意です。

経済用語とはいえ，新聞などの報道で頻出する用語が多く出題されている点で比較的平易な問題です。学習開始時で正答できる人は30%程度でしょう。

解答のコツ

経済用語をはじめ，近年の報道などではいわゆる横文字が頻出しています。そうしたものをそのまま覚えているに越したことはありませんが，日本語に翻訳することによって正答率を高めることができる場合もあります。

本問の場合，選択肢**4**の「オープン・マーケット・オペレーション」（Open Market Operation）を直訳すると「公開・市場・操作」となり，選択肢**5**の「デリバティブ」（Derivative）を直訳すると「派生物」となるといった具合です。

解 説

1× 誤り。ストックオプションとは，会社の役員や社員が，自社株を一定期間内にあらかじめ決められた価格で購入できる権利である。

2× 誤り。問題文は「デフレスパイラル」の説明。スタグフレーションとは，経済が停滞しているなかで，インフレーションが続いている状況のこと。日本では1970年代に石油危機が起こったことでスタグフレーションとなった。

3× 誤り。ダンピングとは，輸出者が不当に，輸入国の国内価格より低い価格で輸出することである。

4× 誤り。オープン・マーケット・オペレーションは，公開市場操作ともいう。

5◎ 正しい。

正答 **5**

情報通信

わが国の情報通信の現状に関する次の記述のうち，妥当なものはどれか。

> 関心のない人にとっては
> 難問と感じられるかも

1 出会い系サイトを利用して18歳未満の児童を性交等の相手方となるように誘引した者は，出会い系サイト規制法に基づき処罰される。しかし，サイトを利用して性交等の誘引を行った満18歳未満の児童については，同法の処罰の対象からは除外されている。

2 電磁的記録式投票機（電子投票機）を用いて投開票を行う電磁的記録式投票（電子投票）制度は，公職選挙法の改正により一部の国政選挙についても導入されている。

3 個人情報保護法は，個人情報を利用するすべての事業者が対象であり，個人情報には，顔や指紋，DNA配列など個人の身体の一部の特徴を変換した個人識別符号が含まれる。

4 新たな情報通信技術（ICT）の技術分野として，モノのインターネット（IoT），ビッグデータ，人工知能（AI）などがあるが，IoTの技術のひとつに脳を模した仕組みを利用し情報の分析能力を高めるディープラーニングがある。

5 私的な用途のために利用されているICT端末の利用率をわが国についてみると，スマートフォンの利用率が8割以上と高く，フィーチャーフォンの利用率は1割程度となっている。

この問題の特徴

　情報通信は，警察官試験で頻出のテーマであり，受験者は日頃からニュース等に注意することが必要です。本問はこのテーマに関心のある人にとっては基礎レベルですが，関心のない人には難問と感じられるかもしれません。

選択肢の難易度

　1・2は基礎的な知識問題。**3**は法改正についての知識を問うもの，**4・5**は白書からの出題でやや難問ですが，いずれもニュース等で見聞きすることも多い情報です。

解説

1 ✕　誤り。出会い系サイト規制法は，満18歳の者（児童）も処罰対象とする。

2 ✕　誤り。電磁記録投票法により自治体は条例を定めて電子投票を行うことができ，一部の自治体の選挙で実施されているが，国政選挙では導入されていない。

3 ◎　正しい。個人情報保護法の改正により，個人情報5001人分以上という要件は撤廃され，個人識別符号も個人情報と定義された。

4 ✕　誤り。ディープラーニングは人工知能（AI）の技術のひとつである。

5 ✕　誤り。わが国のスマートフォン利用率は60.2％，フィーチャーフォン利用率は41.9％であり，諸外国に比べフィーチャーフォン利用率が高い。

正答
3

No.10 享保の改革

理想解答時間 **1**分　合格者正答率 **60**%

享保の改革における徳川吉宗の政策に該当するものはどれか。

三大改革は最頻出テーマ

1　新井白石を登用して，緊縮政策をとり，財政の立て直しを図った。

2　幕府財政の強化のため，諸大名に石高に応じての上げ米を命じた。

3　株仲間を解散させ，自由営業を認め，商工業者を幕府の統制下に置いた。

4　上知（地）令を発し，江戸，大坂などの貨幣経済の発展した地域を幕府の支配下に治めた。

5　江戸に人返しの法を敷き，農民の江戸流入を禁じ，農村の荒廃を食い止めようとした。

この問題の特徴

江戸時代の中でも三大改革は最も出題頻度の高いテーマです。警視庁の日本史では出題形式はほとんどが「単純正誤形式」で出題され，比較的正誤の判断がつきやすい内容が問われる傾向があります。その意味で，日本史の基礎知識が問われています。

解答のコツ

享保の改革は新田開発，上げ米の実施，定免法の採用，公事方御定書の制定，目安箱の設置です。

解説

1× 誤り。新井白石は6代将軍徳川家宣と7代将軍徳川家継に仕えた政治家で，正徳の治を行った。

2◎ 正しい。上げ米は享保の改革で徳川吉宗が行った政策である。財政強化のため，大名に米を幕府に納めさせ，その代わりに，大名の参勤交代の負担を1年から半年へと半減させた。

3× 誤り。株仲間を解散させ，自由営業を認めたのは天保の改革を行った老中の水野忠邦である。

4× 誤り。上知（地）令を発し，江戸，大坂の大名領を幕府の支配下に置いた。

5× 誤り。人返しの法は農民に出稼ぎを禁じた天保の改革で行われた政策である。

PART III 過去問の徹底研究

正答 **2**

No.11 ポーツマス条約

理想解答時間 **1分**　合格者正答率 **60%**

1905年に結ばれたポーツマス条約についての記述として，誤っているものはどれか。

1　ロシアは，北緯50度以南の樺太と付属の諸島を日本に譲渡した。

2　ロシアは，韓国に対する日本の指導・監督権を全面的に認めた。

3　ロシアは，清国領土内の旅順，大連の租借権，長春以南の鉄道とその付属の権利を日本に譲渡した。

4　ロシアは，賠償金として日本円にして3億2000万円を提示したが，これを不服として日本では「日比谷焼打ち事件」がおきた。

5　ロシアは，沿海州とカムチャツカの漁業権を日本に認めた。

> **明治時代は出題される割合が高い**

この問題の特徴

　明治時代は出題される割合が高い時代です。出題形式はほとんどが「単純正誤形式」ですが，本問のように正答を選択するのではなく，誤っているものを選択する問題も警視庁では多くなっています。

　明治時代では新政府の政策が出題されやすい傾向にありますが，自由民権運動後，大日本帝国憲法が制定された後の日本の状況として，対外戦争を押さえておくことは重要です。

選択肢の難易度

　1・2・3・5が歴史的事実で，ポーツマス条約では賠償金がロシアから得られなかった点を思い出すことができれば，容易に正答を導き出せる問題です。

解答のコツ

　ポーツマス条約はアメリカ大統領セオドア・ローズベルトの仲介で結ばれたが，調印の当日，日本ではロシアから賠償金が得られないことが有力新聞や政治家によって国民に知らされると，日比谷に群衆が集まって暴動が起きました。

解説

1○　正しい。ポーツマス条約でロシアは北緯50度以南の樺太と付属の諸島を日本に割譲した。

2○　正しい。日露戦争に敗れたロシアは日本の韓国に対する指導・監督権を全面的に認めた。

3○　正しい。ポーツマス条約でロシアは清国領土内の旅順，大連の租借地，長春以南の鉄道とその付属の権利を日本に譲渡した。

4×　誤り。ポーツマス条約でロシアは賠償金を支払っていない。これを不服とした日本の民衆は1905年に「日比谷焼打ち事件」を起こした。

5○　正しい。ポーツマス条約でロシアは沿海州とカムチャツカの漁業権を日本に認めた。

正答 **4**

教養試験　警視庁
世界史

ヨーロッパにおける諸戦争

理想解答時間 **1**分　合格者正答率 **50**%

ヨーロッパ各地では幾多の大きな戦争があったが，これらの戦争に関する説明として，正しいものはどれか。

**難問だが
解ければ自信になる**

1　ばら戦争——イギリス王位争奪の内乱であるが，乱の終結後の貴族勢力は共倒れとなり，自滅した。

2　英仏戦争——クロムウェル航海条例（航海法）で貿易の利益を奪われ，その奪回をめざしてイギリスと行った戦争であった。

3　百年戦争——宗教内乱から国家利害を争う国際戦争に転化した戦争であった。

4　三十年戦争——フランス王位継承権を口実にフランドル地方の支配を巡る経済抗争で，この反仏反乱を機に対英戦争に至った。

5　諸国民戦争——ナポレオンの侵攻により王位が簒奪され，全土でゲリラ戦が展開されたが，イギリス軍の支援によりフランス軍が後退した。

この問題の特徴

ヨーロッパ史は各時代のヨーロッパ全体で見られた大きな出来事を中心としたテーマ別に出題される傾向にありますが，本問のように戦争というテーマに絞って出題されることもあります。本問は，イギリスを中心とした戦争ばかりではなく，また14世紀から19世紀に時代がまたがっている点で難しく感じられる問題です。

解答のコツ

選択肢**3**と**4**の戦争の内容が逆になっている点に気づくことがポイントです。**2**のイギリスのクロムウェル時代の戦争は英蘭戦争で，**5**の諸国民戦争はイギリスが参戦していません。

解説

1◎　正しい。ばら戦争（1455～85年）はイギリスのランカスター家とヨーク家の王位争奪に多くの貴族たちがかかわった内乱で，両家とも自滅し，結局テューダー家が

次の王朝のテューダー朝を開いた。

2×　誤り。イギリスのピューリタン革命の指導者クロムウェルは1651年に航海条例（航海法）を制定し，イギリスにおける商品輸送からオランダ船を締め出した。その結果，イギリスとオランダの間で3回（1652～54年，1665～67年，1672～74年）にわたる英蘭戦争が起こった。

3×　誤り。百年戦争（1339～1453年）はフランスのカペー朝の断絶に当たり，イギリス王エドワード3世がフランス王位継承を求めて，さらにフランドル地方を巡ってフランスと戦ったものである。

4×　誤り。百年戦争に関する記述である。ドイツ三十年戦争（1618～48年）は宗教内乱から国際戦争に発展した戦いである。

5×　誤り。1813年の諸国民戦争（ライプチヒの戦い）はプロイセン・オーストリア・ロシアの同盟軍がナポレオン軍に大勝した戦いである。ナポレオンの侵攻により王位が簒奪され，全土でゲリラ戦が展開され，イギリス軍の支援でナポレオン軍が後退した戦いはスペイン内乱（1808～14年）である。

PART **III**
過去問の徹底研究

正答 **1**

アヘン戦争期の清

理想解答時間　**1分**

合格者正答率　**60%**

アジア史は頻出テーマ

アヘン戦争のころの清に関する記述として，誤っているものはどれか。

1 イギリスは，18世紀末から，清の茶を本国に，本国の綿製品をインドに，インド産のアヘンを清に運ぶ三角貿易を行い，利益をあげるようになった。

2 清はアヘンの吸飲や密輸を早くから禁止していたが，国内でアヘンの吸飲が広がり，アヘンの密輸が急速に増え，大量の銀が国外に流出するようになったため，イギリスとの一般貿易をも禁止する強硬策をとった。

3 イギリスは，清に対し武力で自由貿易を実現させようとし，1840年にアヘン戦争を起こして勝利し，1842年に南京条約を結んだ。

4 清は，南京条約によって，香港島の割譲，上海・寧波・福州・厦門・広州の5港の開港，公行の廃止，賠償金の支払いなどを認めた。

5 1843年には，清はイギリスと領事裁判権などの治外法権や最恵国待遇などを認める不平等条約を結び，1844年にはアメリカと望厦条約を，フランスと天津条約を結び，イギリスと同じような権利を認めた。

この問題の特徴

　警視庁ではアジア史は頻出テーマで，なかでも中国史から出題される割合が高くなっています。出題形式はほとんどが「単純正誤形式」ですが，本問のように，「誤っているもの」を選択するといった問題は警視庁で目立って見られる傾向です。

選択肢の難易度

　1から**4**まではすべて史実として高校の教科書で学ぶ内容です。ただ**5**で問われたアメリカとフランスとの修好通商条約（望厦条約，黄埔条約）はやや難しい内容といえます。

解答のコツ

　5では，フランスとの修好通商条約が天津条約ではないこと，つまり天津条約が，清がアロー戦争のさなかにイギリス，フランス，アメリカ，ロシアと結んだ条約であることがわかれば，**5**が誤った選択肢と判断できるでしょう。

解説

1○　正しい。18世紀末からイギリスが本国と中国の清，インドの間で行った三角貿易の内容である。

2○　正しい。1830年代になるとアヘン輸入量が茶の輸出量を上回り，中国の銀が国外に大量に流出するようになったことから，1838年に欽差大臣に任命された林則徐がアヘンの吸飲や密輸を禁止した。

3○　正しい。アヘン戦争とその講和条約である南京条約に関する記述である。

4○　正しい。南京条約に関する記述である。

5✕　誤り。1844年にアメリカとの間で修好通商条約である望厦条約が結ばれたが，同年フランスの間で結ばれた修好通商条約は黄埔条約である。天津条約はアロー戦争（第2次アヘン戦争）中の1858年にイギリス，フランス，アメリカ，ロシアが清と結んだ条約であるが，翌年清がこれを拒んだ。

正答　**5**

教養試験 警視庁

地理

日本各地の気候の特色

理想解答時間 **1**分 | 合格者正答率 **60%**

日本各地の気候の特色として，正しいものはどれか。

1 北海道西部………冬の深雪，夏のフェーン現象。

2 関東地方…………夏高温で台風通路，冬温和。

3 瀬戸内地方………夏湿潤で冬乾燥，日本の多雨地域。

4 東北西部…………冷涼で冬降雪があるが，量は少ない。

5 北陸地方…………年降水量多く冬豪雪，夏高温。

> 日本地理は頻出テーマ

この問題の特徴

警視庁や警察官の試験では，世界地理ばかりでなく，日本地理も重要で，よく出題されています。

日本地理で問われる内容は日本の気候や日本の貿易状況などで，いずれも地理の基礎事項です。

選択肢の難易度

日本各地の気候の問題は，中学の地理の知識でも十分に正誤を判断できる問題です。

1のフェーン現象は，山から吹き下ろした乾燥した熱風が見られる現象です。フェーンは日本では日本海側で低気圧が発達したときにしばしば発生する風です。本来はアルプス山脈で見られた風の名前でした。**2**の台風通路は九州や南四国になります。**3**の瀬戸内地方は多雨地域ではありません。**4**の東北西部は青森，秋田，山形に代表されるように降雪量は多い地域です。

解説

1× 誤り。冬の深雪，夏のフェーン現象は日本海岸式気候の特色である。北海道西部は内陸性気候。

2× 誤り。夏高温で台風通路，冬温和は南九州の気候である。

3× 誤り。夏湿潤で冬乾燥，日本の多雨地域は南海地方の気候である。瀬戸内地方は降雨が少ない。

4× 誤り。東北西部は冬降雪量が多い。

5◎ 正しい。冬豪雪は北陸地方の特色である。

PART **III**

過去問の徹底研究

正答 **5**

No.15 インドネシアの地誌

理想解答時間	合格者正答率
1分	60%

次の空所 （ A ）〜（ D ）にあてはまる語句の組み合わせのうち，妥当なものはどれか。

　インドネシア共和国は約13,500の島々から成る国である。大部分は（ A ）に属する。人口は約2.8億人であり，その約87%が（ B ）を信仰している。対日貿易では，日本への輸出品として（ C ）などが主要な品目である。逆に日本からの輸入品としては，機械類，鉄鋼，自動車部品等がある。2020年の日本側通関統計では，約26,374億円の対インドネシア貿易額となっている。

　2004年12月26日に発生したスマトラ島沖地震は，マグニチュード9.0とも言われ，スマトラ島（ D ）のアチェ特別州西海岸では，津波による甚大な被害を受け，日本からも国際緊急援助隊の派遣等が行われた。

アジア，アフリカに関する問題は出題率が高い

インドネシア共和国

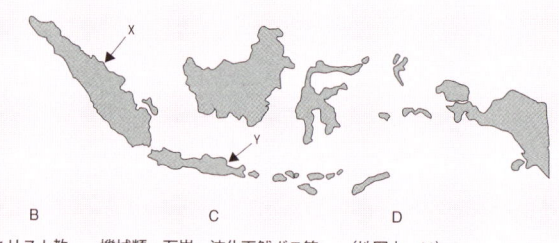

	A	B	C	D
1	熱帯気候	キリスト教	機械類・石炭・液化天然ガス等	（地図中—X）
2	温帯気候	イスラム教	銅鉱・魚介類・ウッドチップ	（地図中—Y）
3	熱帯気候	イスラム教	機械類・石炭・液化天然ガス等	（地図中—X）
4	温帯気候	ヒンズー教	銅鉱・魚介類・ウッドチップ	（地図中—X）
5	熱帯気候	ヒンズー教	機械類・石炭・液化天然ガス等	（地図中—Y）

この問題の特徴

　各国地誌，特にアジア，アフリカの国々に関する問題は出題率が高くなっています。

　地理の場合は，本問のような「組合せ形式」の問題が多くなっています。

選択肢の難易度

　Aはインドネシアが温帯気候ではないことは容易に判断できるでしょう。東南アジアでもインドネシアはイスラム教徒の多い国ですので，Bにはキリスト教やヒンズー教は当てはまりません。

解説

A：熱帯気候が当てはまる。インドネシアは赤道直下の国である。

B：イスラム教が当てはまる。東南アジアでイスラム教国家はインドネシア。

C：機械類・石炭・液化天然ガス等が当てはまる。日本への輸出品として多いものである。

D：（地図中—X）が当てはまる。スマトラ島はインドネシア西部の島である。Yがジャワ島である。

　よって，正答は**3**である。

正答 **3**

西洋の哲学者とその言葉

理想解答時間 **1**分　合格者正答率 **60**%

次の哲学者・思想家に関する記述のうち，正しいものはどれか。

1　「歴史は絶対精神が弁証法的に発展する過程である」とルソーは述べた。

2　「知は力なり」とヘーゲルは主張した。

3　「われ思う，ゆえにわれあり」とは，パスカルの格言である。

4　「人は人に対して狼である」として，ロックは無政府状態の危険性を説いた。

5　「自由とは自律である」とカントは述べ，理性に従うことが真の自由であるとした。

> 哲学者・思想家の言葉・格言もよく問われる

この問題の特徴

西洋思想の分野からは，近代以降のヨーロッパを代表する哲学者・思想家の出題が多くなっています。

出題形式はほとんどが哲学者・思想家と思想内容を結びつける「組合せ形式」あるいは「単純正誤形式」です。問われる内容は思想内容の基礎事項です。その関連で，本問のように，哲学者・思想家が説いた言葉・格言もよく問われます。

選択肢の難易度

1から**5**まで有名な言葉ばかりです。基本問題で難易度は高くありません。

解答のコツ

述べられた言葉の中で**1**の弁証法や**5**の自律などのように，キーワードで思想家を判断できるものもあります。弁証法はヘーゲル，自律はカントの用いた言葉です。

解　説

1×　誤り。弁証法で歴史を説明したのはドイツ観念論の完成者ヘーゲルである。

2×　誤り。「知は力なり」はイギリスの哲学者で経験論のベーコンである。ヘーゲルは**1**を参照。

3×　誤り。「われ思う，ゆえにわれあり」はフランスの哲学者で合理論の祖であるデカルトである。

4×　誤り。「人は人に対しては狼である」はイギリスの社会契約論の出発点となった哲学者のホッブズである。ホッブズの「万人の万人に対する戦い」も同じ意味の言葉である。

5◎　正しい。ドイツ観念論のカントの言葉である。

正答 **5**

小説の著者

理想解答時間 **1分**　合格者正答率 **80%**

次にあげた小説の著者は誰か。

「闘牛」,「天平の甍」,「しろばんば」,「孔子」,「風林火山」,「蒼き狼」,「敦煌」,「おろしや国酔夢譚」,「氷壁」

1　堺屋　太一

2　井上　靖

3　吉川　英治

4　司馬　遼太郎

5　藤沢　周平

> 小説家とその代表作を結びつける問題は頻出

この問題の特徴

　文学では日本文学からの出題が多く見られます。小説家とその代表的作品を結びつける問題が多くなっています。その意味で，本問のような設問文の記述に当てはまる小説家の作品を選択肢から選ぶ問題は出題されやすいパターンです。

　また，小説家と作品の組合せとして正しいものを選択する問題，各選択肢の記述に対する単純正誤形式の問題などが出題されています。

　本問は，NHKの大河ドラマで有名になった『風林火山』や映画化された『蒼き狼』，小学生・中学生時代の指定図書として読んだ経験のある人も多い『しろばんば』などが選ぶポイントで，難易度は低いでしょう。

解答のコツ

　3は『宮本武蔵』で有名な小説家です。**4**は坂本龍馬の生涯を描いた『竜馬がゆく』が，**5**は『隠し剣孤影抄』などの作品があり，近年時代小説が立て続けに映画化されています。

解説

1 ×　誤り。堺屋太一は通商産業省時代に『油断！』でデビューした。代表作には『団塊の世代』，歴史小説『峠の群像』などがある。

2 ◎　正しい。井上靖は『闘牛』で芥川賞を受賞した。

3 ×　誤り。吉川英治の代表作は『宮本武蔵』,『新・平家物語』である。

4 ×　誤り。司馬遼太郎は『梟（ふくろう）の城』で直木賞を受賞した。代表作に『竜馬がゆく』などがある。

5 ×　誤り。藤沢周平は『暗殺の年輪』で直木賞を受賞した。代表作に『蝉しぐれ』などがある。

正答 **2**

反意語

理想解答時間 1分　合格者正答率 60%

次の各語の組合せのうち，反意語となるものはどれか。

1　疎略──精巧
2　直観──推理
3　停頓──促進
4　典雅──荘重
5　統合──複合

> 漢字力を試す問題の
> 比重が大きい

この問題の特徴

　警視庁の国語では，漢字力を試す問題の比重が非常に大きい傾向にあります。漢字の読み書きを正確にしておくことが大前提ですが，語彙力として反意語，類義語，敬語なども頻繁に出題されています。

　問われる内容は高校までの基礎事項です。熟語の意味がわかれば，逆の意味になる言葉が並んでいるかどうかがわかるので，容易に正答の判断はできる問題です。

解答のコツ

　意味が似たような言葉が並んでいる点に気づけば，**2・4・5**は反意語とはなりえないことがわかるでしょう。**3**の「停頓」がややわかりづらい言葉ですが，やりかけた物事が行き詰まって，はかどらない，進展しない，渋滞している「状態」を表し，一方の「促進」は物事がはかどるように，力を加えて，促していくことを表す言葉なので，反意語とはなりません。

解説

1◎　正しい。「疎略」（扱い方がいい加減なこと）の反意語は「精巧」（細かい点まで注意が払われてよくできていること）。

2×　誤り。「直観」は推理や判断などによらずに対象の本質を直接にとらえること。「推理」は事実をもとにして，推し量ることで，「直観」の反意語ではない。

3×　誤り。「停頓」は進展しないこと。「促進」は物事がはかどるように促し進めることで，反意語は「抑制」。

4×　誤り。「典雅」はきちんとして上品な様子。「荘重」は厳かで重々しい様子のことで，反意語は「軽快」。

5×　誤り。「統合」は2つ以上のものをまとめて1つにするだけであり，「複合」のほうは2つ以上のものが結合して，さらに新しく1つのものを作ることであるから，反意語ではない。「複合」の反意語は「単一」。

PART III　過去問の徹底研究

正答 1

四字熟語

理想解答時間 **1分**
合格者正答率 **60%**

次の四字熟語の空所（　A　）～（　D　）にあてはまる漢数字を全て足した数として妥当なものはどれか。

ア　（　A　）知半解
イ　三寒（　B　）温
ウ　一罰（　C　）戒
エ　四分（　D　）裂

1　17
2　19
3　20
4　110
5　114

四字熟語が
出題されない
年度はまれ

この問題の特徴

　四字熟語の問題は出題されない年度がまれなほど出題頻度の高い問題です。漢字が紛らわしいものもありますので，正確な漢字が書けることだけでなく，その意味も一緒に覚えておくことが非常に重要です。

　四字熟語では，出題形式に工夫が見られる問題が多く，四字熟語の中に空欄を設け，そこに当てはまる漢字を選ぶ問題から，空欄に当てはまる漢数字の合計数を選ぶ問題，四字熟語の正しい意味の組合せを選ぶ問題まで多岐にわたっています。

解答のコツ

　知っておきたい四字熟語のイの「三寒四温」，エの「四分五裂」で，Bが四，Dが五となるので，この段階で合計数は9となります。「一を聞いて十を知る」（物事の一端を聞いて，全体を知ること）ということわざの反対をさすのがアと推測されますので，Aは一で，BとDの9にAの1を足すと10となります。ウでは「一罰」が多く

の人の戒めとなることを表す言葉で，Dは100となります。

解説

ア：A（一）が当てはまる。「一知半解」は十分理解していないこと。

イ：B（四）が当てはまる。「三寒四温」は冬に3日ほど寒い日が続いた後，4日ほど暖かい日が続き，ほぼ1週間ぐらいの周期でこれが繰り返される現象。

ウ：C（百）が当てはまる。「一罰百戒」は1人を罰して他の大勢の戒めとすること。

エ：D（五）が当てはまる。「四分五裂」はばらばらに分かれること。

　A（1），B（4），C（100），D（5）を足すと，110となる。

　よって，正答は**4**である。

正答
4

No.20 身の回りの現象

理想解答時間 **2分**
合格者正答率 **70%**

身の回りのさまざまな物理現象に関するア〜エの記述のうち，誤っているものはいくつあるか。

ア　高山に登ると地上から持参した菓子などの袋が膨らむが，これは高山では大気圧が地上より高くなるからである。
イ　ドップラー効果により，救急車のサイレンの音は近づいてくるときに低く，通り過ぎた後は高くなる。
ウ　雷は，地上と雲，または雲と雲との間の電位差が一定以上大きくなると放電する現象である。
エ　晴れた夜には遠くの音が聞こえやすくなるが，これは音波の回折によって起こる現象である。

1　0個
2　1個
3　2個
4　3個
5　4個

興味を持ってみるとおもしろい問題

この問題の特徴

身の回りの物理現象を取り上げた問題です。その原因について考えてみると，物理で学ぶ波の性質であったり，電磁気と深い関係があることがわかります。興味を持ってみるとおもしろいのですが，問題文を読んでそこに気づくでしょうか。この問題では，比較的よく出題されるドップラー効果や，音の性質を取り上げています。

しかし，誤りを5つのうちから1つ選ぶ形式ではないので，誤りがいくつあるかわかりませんから，しっかり理解していないと正答できないでしょう。

解答のコツ

まずアは地上と高山との大気圧の比較です。物理と考えるより，地学に近いでしょう。ほぼ常識ともいえますが，誤りとわかるでしょうか。次にイとエは，物理の波のところで学習する音についての性質なので，知っておきましょう。ここでイとエが誤りであると判断できると，残るはウです。これについてはなかなか判断が難しいと思われます。

解説

ア×　誤り。この現象は，地上より高山のほうが大気圧が低いために起こる。

イ×　誤り。ドップラー効果により，音は近づいてくるときに高く，遠ざかるときに低く聞こえる。

ウ○　正しい。大気は導電率が極めて低いが，大気に加わる電位差が1m当たり5×10^5〔V〕を超えると，火花が飛んで瞬間的に電流が流れる。この種の放電が自然界で起こったものが雷である。

エ×　誤り。晴れた夜には地上に近いほど気温が低く，上空に行くほど音速が大きくなるため音波が地上側に屈折する。その結果，このような現象が起こる。

よって，正答は**4**である。

正答 **4**

No.21 化学平衡

理想解答時間 3分

合格者正答率 75%

次のア〜オの平衡のうち，括弧内の条件変化を与えたとき，平衡が右に移動するものの組み合わせとして，妥当なものはどれか。

数年おきに1問出題される

ア　$H_2 + I_2 \rightleftarrows 2HI$（水素分子を加える）
イ　$2CO + O_2 \rightleftarrows 2CO_2$（一酸化炭素を除く）
ウ　$CH_3COOH + C_2H_5OH \rightleftarrows CH_3COOHC_2H_5 + H_2O$（水を除く）
エ　$N_2 + 3H_2 \rightleftarrows 2NH_3$（温度一定で圧縮する）
オ　$2NO_2 \rightleftarrows N_2O_4$（圧力一定で温度を高くする）
　　ただし，次の熱化学反応式が成り立つ。$2NO_2 = N_2O_2 + 57kJ$

1　イ，エ
2　ア，ウ，エ
3　ア，イ，オ
4　ア，ウ，オ
5　イ，ウ，エ，オ

この問題の特徴

化学平衡は，過去に出題されています。警視庁では，化学が毎年出題されておらず，数年おきに1問出題されています。これより傾向をつかむことは困難です。

この問題は，化学平衡のルシャトリエの原理による移動方向を問うものであり，計算を必要とせず，覚える記号や用語がたくさんあるわけでもないので，ポイントを押さえれば比較的容易に解くことができます。初学者にとっても入りやすいところでしょう。

ただ，妥当なものがいくつあるかがわからず，ア〜オが選択肢にそれぞれ3つずつ挙がっていることから，ア〜オのすべてをチェックする必要があるので難しく感じるでしょう。

解答のコツ

ルシャトリエの原理の，「温度を上げると吸熱反応の方向に化学平衡が移動する」場合がわかりやすいので，これからオが左へ移動することがわかれば，選択肢の**3**，**4**，**5**は消えます。残る**1**と**2**については，ア，イ，ウのどれかがわかれば判断できます。エについては検討しなくても正答できます。

解説

ルシャトリエの原理によると，化学平衡は，①圧力を上げると，分子数の少なくなる方向に，②温度を上げると，吸熱反応の方向に，③物質を加えると，その物質を消費する方向に平衡が移動する。

ア：水素を消費する方向…右へ。
イ：一酸化炭素を生成する方向…左へ。
ウ：水を生成する方向…右へ。
エ：分子数を少なくする方向…右へ。
オ：吸熱反応の方向…左へ。

したがって平衡が右へ移動するのは，ア，ウ，エである。

よって，正答は**2**である。

正答 2

光合成

理想解答時間 ▼▼▼▼ **4**分

合格者正答率 **60**%

一定の温度と一定の二酸化炭素濃度の下で光の強さを変え，1枚の緑色植物の葉で光合成を行わせ，二酸化炭素の吸収量または放出量を測定した。グラフは光の強さに対する1時間当たり100cm²当たりの二酸化炭素吸収量をmgで示している。400cm²の葉1枚を3万ルクスの光の下に11時間置くと，実際に光合成されたグルコースは何mgか。ただし，光合成の化学反応式は，$6CO_2+12H_2O \rightarrow C_6H_{12}O_6+6O_2+6H_2O$，原子量は，$H=1$，$C=12$，$O=16$とする。

科学の知識も
必要な
計算問題

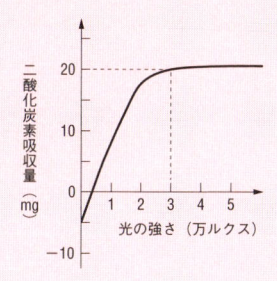

1　25mg

2　600mg

3　750mg

4　880mg

5　1100mg

PART Ⅲ

過去問の徹底研究

この問題の特徴

　グラフを利用した問題です。光合成と呼吸による二酸化炭素の吸収・放出量を読み取りましょう。加えて，化学反応式を使って物質量の比より質量を求めるといった化学の知識も必要な計算問題となっているため，かなり難しくなっています。

解説

　3万ルクスの光の下では1時間100cm²当たりの二酸化炭素吸収量は20mg。0ルクスで5mgの二酸化炭素を放出するので，これが呼吸で放出されるぶんである。光合成で吸収される正味の二酸化炭素は25mg

である。400cm²の葉は11時間で，$25 \times 4 \times 11 = 1100$〔mg〕の二酸化炭素を吸収する。

　また，分子量は$CO_2 = 12 + 16 \times 2 = 44$，$C_6H_{12}O_6 = 12 \times 6 + 1 \times 12 + 16 \times 6 = 180$で光合成の化学反応式より二酸化炭素6 molから1 molのグルコースが生成される。今，生成されるグルコースをx〔mg〕

とすると，$\dfrac{1100}{44} : \dfrac{x}{180} = 6 : 1$より

$$\dfrac{x}{180} \times 6 = \dfrac{1100}{44}$$

$$x = \dfrac{1100}{44} \times \dfrac{1}{6} \times 180$$

$$x = 750 〔mg〕$$

よって，正答は**3**である。

正答 **3**

No.23

2次関数

理想解答時間 3分
合格者正答率 80%

グラフが（2，0），（1，3），$\left(-\frac{1}{2},\ 0\right)$ の3点を通る2次関数はどれか。

2次関数は頻出テーマ

1 $y=-2x^2-3x-2$
2 $y=2x^2-3x+2$
3 $y=2x^2+3x+2$
4 $y=-2x^2+3x+2$
5 $y=-2x^2-4x-2$

この問題の特徴

2次関数は公務員試験では頻出です。警視庁でも同様，特に警視庁では出題されている単元が幅広くないため，2次関数はしっかりと押さえておきましょう。

2次関数にもいろんな問題のパターンがあります。この問題は，2次関数の式を求めるといった，学習の初期に取り上げるものです。段階を踏んでさらに深く学んでいってほしいものです。ですから，初学者でも50％くらいの正答者は出るでしょう。

解答のコツ

2次関数の式を求める問題には2つのパターンがあります。頂点の座標と何かの条件が与えられるときと，頂点以外に通る点の座標が与えられているものです。

この問題は後者ですから，

$y=ax^2+bx+c$

に，3点の座標を代入して，連立方程式で解くといったパターンです。

ちなみに，前者では

$y=a(x-p)^2+q$　を使います。

解説

グラフ上の3点が与えられているとき，2次関数のグラフの式を求めるには

$y=ax^2+bx+c$　（a，b，cは定数）…☆

に，3点の座標の値を代入し，連立方程式を解く。

$$\begin{cases} 0=4a+2b+c & \cdots\cdots① \\ 3=a+b+c & \cdots\cdots② \\ 0=\frac{1}{4}a-\frac{1}{2}b+c & \cdots\cdots③ \end{cases}$$

①－③より　$\frac{15}{4}a+\frac{5}{2}b=0$

$15a+10b=0$　…④

①－②より　$3a+b=-3$　…⑤

④－⑤×5より　$5b=+15$

$b=3$

ゆえに⑤より　$a=-2$，

②より　$c=2$ となる。これを☆に代入して

$y=-2x^2+3x+2$

と求められる。

よって，正答は**4**である。

正答 4

英文（内容把握）

「働き方」や雇用に関する文章は要注意

次の英文の内容と一致するものはどれか。

Recently in vogue in business is job evaluation.　Bring a guy in once a year, sit him down, and tell him all his good and bad points.　I dislike this method of evaluating a person's productivity because, in my opinion, it runs counter to the ways of human nature.　With rare exception does the average human being handle well either praise or criticism in large doses.　I conduct my job evaluations of our key people daily, with a compliment on good work here, and a mild reprimand for a misstep there.　Saving up all the positives negatives and dumping them on a person once a year runs directly opposite to my way of doing things.　Contrived job evaluations smack too loudly of a report-card system.　I prefer being adjudicative on a daily basis.　What sense is there to waiting three months for "Evaluation Day" if the guy's in trouble today ?　*Now* is when he needs some guidance.　I don't want him blithely perpetrating his errors one day longer than I can prevent.　Moreover, I am a firm believer that criticism dispensed in small doses rather than large is a lot easier on a person's ego and is far more productive.

［語句］blithely　軽率に

1　最近流行の「職務評価」の方法は，好ましく思わないが，人間の本質に即した方法だ。

2　平均的な社員は職務評価での過大な賞賛に慣れているが批判には弱いので注意を要する。

3　毎日，良い仕事をすれば褒め，間違いがあれば軽く注意するという形で評価をすべきだ。

4　部下が指示を待っていても，上司は部下の自主性を重んじて，仕事を任せるべきだ。

5　職務評価の時に批判をまとめて告げたほうが，社員が奮起し，より生産的になる。

この問題の特徴

「働き方」や企業経営と雇用に関する文章は比較的出題が多いので，要注意です。

解説

1×　誤り。「職務評価」の方法を好ましく思っていないとはしているが，その理由を筆者は人間の本質に反しているからとしている。

2×　誤り。平均的な社員が賞賛には慣れているが批判には弱いというような対比はされていない。

3◎　正しい。筆者は日ごとに評価を下すほうがよいとしている。

4×　誤り。このようなことはまったく述べていない。部下に指示が必要と思うときに指示を与えるべきという趣旨のことを書いている。

5×　誤り。批判はまとめてするよりも分散したほうが，相手の自尊心を傷つけず生産的であるとしている。

正答
3

No.25 英文（内容把握）

理想解答時間 **4**分　合格者正答率 **60**%

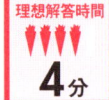

警察官試験ならではの出題

次の英文は，陪審制度について書かれたものであるが，内容と一致しているものはどれか。

A jury is a group of citizens who are not legal experts, but by their good sense and judgment determine what they believe is the truth.　There are two types of juries.　The grand jury decides whether to formally try a person suspected of a crime.　The petit jury is present throughout a trial and is responsible for reaching a verdict.

The members of the jury are selected at random.　The selected members must be present at the trial and decide the guilt or innocence of the defendant.　Jury duty is an obligation the citizens must fulfill, similar to paying taxes.　They may not turn down their jury obligation except for legitimate reasons.

The jury originated in ancient Greece in the 4th century B.C., and was later adopted by Great Britain.　It is now used extensively in the United States.　In determining guilt or innocence, the jurors in principle must reach a unanimous verdict, but there are some states that accept a majority vote.

1 陪審制度は，感情や利害による裁判になるという意見がある。

2 大陪審では，正式の起訴をするかどうかを決定する。

3 陪審員に選ばれた国民は，いかなる理由があっても裁判に加わらなくてはならない。

4 日本でもかつて，陪審制度が実施されたことがある。

5 有罪無罪の判決は，原則として多数決で行われる。

この問題の特徴

　刑事裁判（陪審制度）についての文章で，出題頻度が高いとはいえませんが，警察官試験である以上，今後も出題されても不思議はないタイプの問題といえます。

解説

1×　誤り。このようなことはまったく書かれていない。

2◎　正しい。第1段落で述べている。

3×　誤り。正当な理由があれば断ることができるとある。

4×　誤り。日本でかつて陪審制度が実施されたことがあるのは事実だが，本文では触れていない。

5×　誤り。全員一致が原則であり，いくつかの州で多数決を認めている。

正答 **2**

英文（空欄補充）

理想解答時間 **5分**　合格者正答率 **60%**

難易度は高い

次の文章における下線部分にあたる空所に該当する文として最も妥当なものはどれか。

Jessica always felt slightly nervous when she entered this part of the cave. 'Daddy? Suppose that great boulder fell down from where it's wedged between those other rocks. Wouldn't it block our way out, and we'd never, ever, ever get home again?'

'It would, but it won't', replied her father a little distractedly, and somewhat unnecessarily brusquely, as he seemed more interested in how his various plant samples were accustoming themselves to the dank and dark conditions in this, the most remote corner of the cave.

'But, how do you know it won't, Daddy?' Jessica persisted.

'That boulder's probably been there for many thousands of years. It's not going to come down just when we're here.'

Jessica was not at all happy with this. 'Surely, if it's going to fall down sometime, then the longer it's been there, the more likely it's going to fall down now?'

Jessica's father stopped prodding at his plants and looked at Jessica, with a faint smile on his face. '＿＿＿＿＿＿＿＿＿.' His smile became more noticeable, but now more inward. 'Actually, you could even say that the longer that it's been there, the *less* likely that it's going to fall down when we're here.' No further explanation was evidently forthcoming, and he turned his attentions back to his plants.

[語義] boulder　大きな岩／wedge　くさびで留める，割り込ませる／distractedly　取り乱して／brusquely　無愛想に／dank　じめじめした／prod　突く／

1　No, it's not like that at all.

2　I believe firmly you are right.

3　That's completely what I said.

4　Yes, I all agree with you.

5　But, you forget what I said.

PART III 過去問の徹底研究

この問題の特徴

英文の空欄補充は，警視庁では平成19年度に突然出題された出題形式です。今後も出題が続くかどうかはわかりませんが，難易度が高いので注意が必要です。

解答のコツ

洞窟の上にある大きな岩が落ちてくるのを心配しているジェシカと，まったく気にしていない父親の様子が描かれています。空所は，ジェシカの問いかけに対して父親が答えている部分です。それまでの会話の内容と，空所の後の父親がジェシカとは逆の内容を述べていることから考えます。

解説

1◎「いいや，そんなことはまったくないよ」

2×「まったく君の言うとおりだよ」

3×「それはまさに僕が言ったことだよ」

4×「うん，君の言うことにまったく賛成だよ」

5×「でも，僕が言ったことを忘れているよ」

この中では1だけがジェシカの言ったことを否定し，後の発言にもつながる内容である。

正答 **1**

文法

理想解答時間
1分

合格者正答率
90%

次の文の空所（ ）にorを入れたときに，意味の上で妥当なものはどれか。

1 Hurry up, （ ） you will be in time for the train.

2 Keep off the grass, （ ） you will be scolded.

3 Tell everything honestly, （ ） I will pardon you.

4 Turn to the right, （ ） you will find the station.

5 Take care of yourself, （ ） you will get well soon.

中学生程度の
英文法で
対応できる

この問題の特徴

　警視庁の英語は，例年，英文法問題が2問出題されています。空欄補充問題が中心で，空欄に当てはまる動詞や前置詞，名詞を選択するパターンが多くなっています。

　中学生程度の英文法の知識で対応できる問題です。確実に正答にしたい問題です。

解答のコツ

　「命令文＋and」，「命令文＋or」の違いに注意しましょう。「命令文＋and」は「そうすれば」で，後ろの節はwillを含みます。「命令文＋or」は「そうでなければ」となります。

解説

1×　誤り。and が当てはまる。「急ぎなさい。そうすればあなたは電車に間に合うでしょう」。

2◎　正しい。or が当てはまる。「芝生に入るな。さもなければ怒られるでしょう」。

3×　誤り。and が当てはまる。「正直にすべてを話しなさい。そうすればわたしはあなたを許しましょう」。

4×　誤り。and が当てはまる。「右に曲がりなさい。そうすれば駅が見つかるでしょう」。

5×　誤り。and が当てはまる。「体を大切にしなさい。そうすればすぐによくなるでしょう」。

正答
2

現代文（要旨把握）

理想解答時間 **5分**　合格者正答率 **60%**

> **抽象的な文章に慣れることが大切**

次の文の要旨として，最も妥当なものはどれか。

　すべての人には善心と悪心とがある，世界には純悪の人が存在しないと等しく純善の人もまた存在しない——これは改めて言うまでもない尋常な真理である。我らはもとよりこの自然主義的真理について多くの抗議すべきものを持っていない。しかしこの一つの真理は，我らの善悪に関する考察の全局に対してどれほどの意義を持っているか。我らは我らの実際生活の上に，この一つの真理からどれだけの結論を導いてくることができるか。自分は，この点について明瞭な意識を欠いているために，この自明の真理によってかえって恐るべき誤謬に導かれた多くの人を見た。ゆえに自分はこれらの人々のために，この一つの真理から正当に導きうべき結論と，正当に導きうべからざる結論とを区別せんとする欲望を感ぜずにはいられない。

　正当に導きうべからざる結論から始めれば，第一に我らはこの一つの真理を根拠として，善悪無差別を主張することはできない。一人の人格の中に善もあり悪もあるという言葉は，すでに善悪の差別を予想するものである。善悪の差別を予想せずに，人性における善悪の混淆を云々するは無意味である。ゆえにすべての人に善心と悪心とがあるという一つの事実は，悪を去り善につかねばならぬという良心の負荷を軽減する理由とはならない。むしろ人性は善悪の混淆なるがゆえに，悪を去り善につく義務はいっそう痛切を加えるのである。

1　善悪心に関する自明の理により，かえって人間に対する価値判断が著しくゆがめられ，誤解を生む結果となっている。

2　人間とは善悪の入り交じっている存在であるが，だからこそ善なる部分を強調し，悪の部分を放逐しなければならない。

3　この世界に住むすべての人々には，善と悪とが等しく同居しており，まったくの純悪の人も，純善の人も同様に存在しない。

4　1人の人間の心の中に，善と悪が混在しているために，人間の行動は複雑であり，定型的価値判断の対象にはならない。

5　人間には，善と悪との境目はわからないものであり，だからこそ日々悪を重ねても，平穏な生活を送ることができる。

この問題の特徴

　その文章が全体として述べていることを解答させる「要旨把握」という出題形式で，頻出の形式です。抽象的な文章なので，このような文章に慣れていないと，実際以上に難しく感じられます。

解説

1×　誤り。善悪心に関する真理が自明でないからこそ，筆者は本文のような主張を展開しようとしているし，「人間に対する価値判断」については触れていない。

2◎　正しい。この文章全体をまとめた記述である。

3×　誤り。すべての人には善心と悪心があることは述べているが，「善と悪が等しく同居」とは述べていない。

4×　誤り。人間の行動の複雑さの問題には触れていないし，「定型的価値判断」なるものもここでは関係していない。

5×　誤り。「日々悪を重ねても，平穏な生活を送ること」と善悪の差別の問題とは別次元の内容である。

正答 **2**

現代文（要旨把握）

理想解答時間 **5分**　合格者正答率 **70%**

環境問題や資源問題は
おなじみの出題

次の文章の要旨として，最も妥当なものはどれか。

野生生物資源の保護と管理については，先進国および開発途上国を問わず，つい最近までは木材供給樹種，果実供給樹種および特定の魚類や猟鳥獣などの商品価値を有するものだけに重点が置かれていた。生態系や生物多様性の保護という認識よりも，資源としてとらえる考え方が優先していた。すべての種に価値があり，絶滅の危機にひんする種の問題に関心が払われるようになったのは，比較的最近のことである。この認識の変化に関しては，ストックホルム国連人間環境会議の勧告を受けて1975年に発効した二つの国際条約，「絶滅のおそれのある野生動植物の種の国際取り引きに関する条約」いわゆるワシントン条約，および「特に水鳥の生息地として国際的に重要な湿地に関する条約」いわゆるラムサール条約の出現が大きかったといえよう。ただしラムサール条約については，締約国総数はまだ60ヵ国であり，特に熱帯地域の開発途上国の批准が進展していない。たとえば，熱帯林の大保有国であるブラジル，インドネシア，マレーシアおよびザイールなどの国ぐにが未加盟である。

一方，これまでに絶滅した種の数ないしは生物多様性の消失率などを，数字で表わすことは容易ではない。すなわち，世界資源研究所（WRI）の1989年の報告書によれば，地球上の500万とも3000万とも推定される生物種の中で，人類によって判明し分類されているのは，わずかに150万種にしかすぎないからである。

そこで，野生生物の生息地面積の減少というものが，種の絶滅と生物多様性の消失を，現在のところ最も代表的に表わすことになると思われる。多くの野生生物，特に熱帯林の生息種は，生息地の環境の変化に対する適応性が低いからである。ただし，注意すべきことは，生息地の消失の度合の把握がかなり困難であり，生息地はそれほど容易には，完全に消失することはないのである。すなわち，ある生息地が別なものに改変された場合，新たな環境に対する適応力の強い植物や動物の種にとっては，かえって都合のよい生息地となることすらあり得る。

1 地球上の500万とも3000万とも推定される生物種の中で，人類によって判明し分類されているのは，わずかに150万種にすぎない。

2 比較的最近になって，商品価値の有無に関わらない野生生物保護に関心が払われるようになったが，野生生物の実態把握はかなり困難である。

3 生息地が別なものに改変された場合，新たな環境に対する適応力の強い植物や動物の種にとっては，かえって都合のよい生息地となる。

4 ラムサール条約について，熱帯地域の開発途上国の批准を進展させ，野生生物資源の保護と管理に万全の態勢をとるべきである。

5 野生生物の保護のためには熱帯林の生息地面積を拡大し，生物多様性を維持していくことが重要である。

この問題の特徴

環境問題や資源問題は公務員試験ではおなじみなので，本文のような文章はスムーズに読み取りましょう。

解説

1✕　誤り。本肢の内容は本文の内容に合致してはいるが，これを文章全体の要旨とはできない。

2◎　正しい。

3✕　誤り。「適応力の強い植物や動物」に焦点を当ててまとめた本肢は，要旨としては妥当でない。

4✕　誤り。本文はラムサール条約の批准促進を主眼とするものではない。

5✕　誤り。「生息地が別のものに改変された場合」の問題点が指摘されているので，生息地を拡大すればよいとは限らない。

正答 **2**

現代文（内容把握）

理想解答時間 4分
合格者正答率 80%

比較的
取り組みやすい
形式

次の文章の下線部「本来のムラ」に関する記述として，最も妥当なものはどれか。

農耕社会においては，原始社会以来，労働の共同性が要求されるために，血縁的親族団体が主体をなしていたと考えられる。しかし親族団体の緩みにしたがって，労働集団は次第に地縁性をまし，同一の地域内に居住する複数の家族を統括する村（ムラ）が成立したと思われる。しかし，この村は当初にあっては，たんに地縁的に近接して居住し生活しているものによる臨時の集合体であって，団体としての統合性をとりわけ必要とするものではなかった。このことは，ユーラシア大陸にかんするかぎり東方でも西方でも，ほぼ事情は同一であったろう。

ところが，ある時代からこの地縁的集合のなかに団体性をもった，**本来のムラ**が成立してくる。日本の場合には鎌倉・室町期のことであり，また奇妙なことに西ヨーロッパにあっても同じ十二・三世紀であった。そのころ，ムラは相対的には近接した住居をもつ人びとを社会的関係として統合するようになる。ヨーロッパでは，ムラはそこに住む人びとを，共同労働にむけて組織し，道路・橋・水車などの設営に協働させる。また，年間の祭儀や教会の共同財産の運営に発言権をもつようにもなる。そして，共同体としての共通の財産の運用について，構成員を拘束する決定をおこないうるようにもなる。たとえば，共有地における家畜の放牧時期の設定，共有山林でのタキギの採集量の約定，河川や湖沼における漁撈の条件設定。これらは，共同体の集会によって決定すべきものとみなされる。地域全体にたいして上級の所有権をもつ封建領主は，こうした共有財にかんするかぎりでは，直接の制御をさけて，共同体主導による規制をえらんだ。これが，ヨーロッパにおけるムラの形成をうながした。

ムラは法人格をもつ団体であり，構成員への懲罰権を保持した自活団体でもある。農業生産は，耕作や収穫，治安の保全など共同労働を必要とするかぎり，ムラ組織の介在をもとめた。また生活においては，弱者の相互扶助をふくむ日常的作業を規定するものとして，ムラ寄合いの決定を待つことになる。

おなじように，日本における農村は，中世の封建領主のもとで凝集力をつよめ，地縁集団としての実をしめすようになった。これが農民生活をささえる実質的な恒久団体となったのは，江戸時代のことである。安定した治安状況のもとで，しかも兵農分離ののちの農民身分の確定をうけて，従来のムラは惣村とよばれる団体へと集束していった。

1 「本来のムラ」は十二，三世紀に地縁集団から血縁的親族団体へ発展して成立した。

2 「本来のムラ」の共同財産の運営については，祭儀を司る者だけが発言権を持った。

3 「本来のムラ」では，構成員は集会の決定に拘束されず，自助努力が重視された。

4 「本来のムラ」は地縁団体としての統合の必要と封建領主の信認により形成された。

5 「本来のムラ」は日本では鎌倉・室町期に成立し，江戸時代に武士層でも形成された。

PART
III
過去問の徹底研究

この問題の特徴

下線部の解釈を問う問題です。文章を読む際の注目点が指定されているので，比較的取り組みやすい形式といえます。

解説

1× 誤り。地縁集団から血縁的親族団体へ発展したという記述は逆である。

2× 誤り。財産の運用については共同体の集会によって決定すべきとみなされる。

3× 誤り。「ムラ」は構成員への懲罰権を保持した自活団体でもある。

4◎ 正しい。かつては統合性を必要としなかったとあるし，封建領主が「ムラ」を認めていたことも読み取れる。

5× 誤り。「農民生活を支える恒久団体」となったのであり，武士層では形成されていない。

正答
4

現代文（内容把握）

理想解答時間 **3**分 ／ 合格者正答率 **70**%

次の文中の下線部の説明として，妥当なものはどれか。

> 置換え可能な
> 言葉を探せ

　重要なのは，「標準語」は「方言」の否定においてしか成立し得ず，しかもなお「方言」の世界に永遠に眠り続ける限りは，そもそも近代的コミュニケーション自体が不可能であったということだ。もし「方言」であることを潔しとしないならば，「標準語」を習得しなければならない。しかも「標準語」と故郷に生きている「方言」とは矛盾する。この矛盾が日本人の心理に乖離をもたらさないはずがなかった。「山の手」の東京語が新上京者によって侵食されたとき，それに反発を覚えたのは当然「下町」であった。しかしまた，新上京者の側も「東京方言」への同化なしには生きられなかった。おそらくそこに成立せざるを得ないのは次のようなディレンマ（逆説）である。「東京方言」の上に成立した「標準語」が，「近代」の象徴である限り，「東京方言」は「標準語」の前に何らかの形で自己を消去しなければならない。そしてこの消去を解消する方法があるとしたら，それは「標準語」に背を向けて「方言」の誇りを固守するか，あるいは「標準語」への同化によって「近代」を獲得するか，いずれかである。そして後者の道を多くの人々にたどらせたのは，「東京」という象徴の呪術的能力と，それを制度化した教育であった。

1　「山の手」

2　「下町」

3　「新上京者」

4　「近代」

5　「近代的コミュニケーション」

この問題の特徴

　下線部の意味を問う問題ですが，文章の流れを踏まえつつ置換え可能な言葉を探すという問題で，比較的易しいものです。

解説

　「標準語」と「方言」の関係を通して「近代」の問題を考察した文章である。

　まず，「『東京』という象徴」は呪術的能力を有するので，「山の手」「下町」「新上京者」は適当ではない。

　また，「『東京方言』の上に成立した『標準語』が，『近代』の象徴」であり，「象徴」としての「東京」は，その「標準語」を「近代的コミュニケーション」の道具として用い，それを使用できないものを「近代」から追い出すという恐怖，つまり「呪術的能力」を持ち，その使用の徹底のために「制度化した教育」が重視されたのだから，「近代的コミュニケーション」が妥当である。

　よって，正答は**5**である。

正答 **5**

現代文（空欄補充）

理想解答時間 ▼▼▼▼ 4分　合格者正答率 **80**%

> 空欄補充は
> 毎年出題される

次の文章の空所にあてはまる文として，最も妥当なものはどれか。

　私たちは，自分という存在のなかに出発点から，周囲から期待される姿をかなりの程度，とり込んで暮らしているようなのだ。そうである以上，自己実現とは思いのほか，他人の期待にこたえることと合致するかもしれないという帰結に到達してしまう。

　それを当人がそれと感じないのは，一連のプロセスが当事者の自覚を伴わず進行していくからにすぎない。「自分はこんなに，ひとりで思いめぐらして工夫したつもり」が，ふたをあけてみれば「なあんだ，やっぱりああなるんだ」ということは決して珍しくない。

　もっとも，このように書くことで私は，自己実現を達成すべく意気さかんである人を，揶揄したり水をさそうとするつもりは毛頭ない。そうではなくて，逆にどうして21世紀のハイテク社会という，いわば一種の万能社会において，「自分探し」が流行するのかということについての解答の糸口を見出そうとしてのことなのである。

　上述の論理に従うならば，「自分のしたいことがわからない」あるいは「自分とは誰なのかわからない」という悩みは結局のところ，「（　　　　）」あるいは「自分を社会はどう見ているのか不明である」ということと，同義になってしまうからである。

1 IT機器が対面的コミュニケーションにどれだけ代替できるのか不明である

2 『私とは何か』を決める重要因子が何なのかわからない

3 親が自分をどう見ているのか，どう親離れしたらいいのか不明である

4 自分は何をすべきであると社会から求められているのかわからない

5 『自分の好きなこと』をどうやってひとりで見つけられるのかわからない

PART **III**
過去問の徹底研究

この問題の特徴

　警視庁では空欄補充問題は毎年出題されています。前後の文章との整合性があるものを選ぶようにしましょう。

解説

　本問では，空欄の直後にある「あるいは」が大きなヒントになる。この場合，「AあるいはB」で，AとBはほぼ等しいことを表す。よって，本問では「自分を社会はどう見ているのか不明である」とほぼ等しい文を探せばよい。すると，自分に対する社会の視線について言及しているのは**4**だけである。

　よって，正答は**4**である。

正答
4

現代文（文章整序）

理想解答時間 **4分**　合格者正答率 **70%**

接続詞や指示語をヒントに考えるのが第一歩

空所に短所A〜Eを並べかえて入れ，一つのまとまった文章にするのに最も妥当な組み合わせは，次のどれか。

　日本語で「背を向ける」とは無視や拒絶を意味するが，欧米社会でも同様で，相手から背中を見せられれば，冷やかに無視され，おとしめられることにほかならない。

［　　　］

　行列に並ぶことは，そのような美的にも象徴的にも隠蔽すべき身体部位を見知らぬ人間の視線にさらすことになるのだ。

A　だれでも体の背面は前面のようにはコントロールがきかず，身だしなみがいきとどきにくい。

B　そのうえ，後ろに立つ人の視線は自然に前の人の後頭部に向くが，日本人の女性が襟足に念入りの化粧をほどこしたりするように，体のそのあたりは特別な意味をもつことが多い。

C　したがって，他人の背中なぞ見たくはないのは当然だが，さらに不愉快なのは，自分の背面を後ろの人に見せることになることだ。

D　そのために，当惑するような汚れがあるのではないかと後ろの人の視線に落ち着かない気分にさせられる。

E　フランスの一部では「妻は夫に頭の後ろ側を見せてはならず，ましてや見知らぬ男に見せてはならない」といわれたという。

1　C−E−B−A−D

2　A−C−E−B−D

3　C−A−D−B−E

4　A−B−E−D−C

5　C−D−A−E−B

この問題の特徴

　警視庁では文章整序問題は毎年出題されています。接続詞や指示語をヒントに考えるのが解答の第一歩です。

解説

　Dの「そのために」は，汚れの有無を気にしているという点から考えて，Aの「身だしなみがいきとどきにくい」を受けたものであるから，DをAの前に置いている**5**は誤り。

　空所の前の文で「背中」が「無視や拒絶」と結びついていることが説明されているので，Aの「コントロール」の話を続けるより，「不愉快」という共通点を橋渡しにしてCの「自分の背面」の話に持っていくほうが話の流れとして自然であるから，**2**と**4**も誤り。

　Bは「襟足に念入りの化粧をほどこ」すのであるから，Bの後に「コントロールがきか」ないAを続けている**1**も話が矛盾しているので誤り。

　よって，残った**3**が正答である。

正答 **3**

教養試験　警視庁
判断推理

三段論法

理想解答時間 **4分**　合格者正答率 **70%**

三段論法を
得点源に

あるクラスの生徒について，次のア〜オのことがわかっているものとすると，論理的に正しくいえるものはどれか。

ア　柔道が得意な生徒は，チェスが得意である。
イ　サッカーが得意でない生徒は，将棋が得意である。
ウ　水泳が得意な生徒は，野球が得意でない。
エ　チェスが得意な生徒は，水泳が得意でない。
オ　野球が得意でない生徒は，サッカーが得意でない。

1　サッカーが得意な生徒は，柔道が得意でない。
2　チェスが得意でない生徒は，サッカーが得意である。
3　柔道が得意でない生徒は，水泳が得意である。
4　野球が得意な生徒は，チェスが得意でない。
5　将棋が得意でない生徒は，水泳が得意でない。

この問題の特徴

　命題・対偶・三段論法は，はじめは難しく感じられますが，学習を進めて考え方を理解すれば得点源になります。

解答のコツ

　命題・対偶，三段論法の仕組みを利用しましょう。

解説

　まず，ア〜オを次のように表してみる。

ア　柔道→チェス
イ　$\overline{サッカー}$→将棋
ウ　水泳→$\overline{野球}$
エ　チェス→$\overline{水泳}$
オ　$\overline{野球}$→$\overline{サッカー}$

　次に，このア〜オの命題について，その対偶をそれぞれカ〜コとしてみると，

カ　$\overline{チェス}$→$\overline{柔道}$
キ　$\overline{将棋}$→サッカー

ク　野球→$\overline{水泳}$
ケ　水泳→チェス
コ　サッカー→野球

となる。これらをもとにして，各選択肢について三段論法が成り立つかどうかを検討すればよい。

1×　コ→ク→？で，水泳が得意でない生徒については不明であり，柔道が得意であるかどうかはわからない。

2×　カ→？で，柔道が得意でない生徒については不明であり，サッカーが得意かどうかはわからない。

3×　**2**と同様に，柔道が得意でない生徒については不明である。

4×　ク→？で，水泳が得意でない生徒については不明で，チェスが得意かどうかはわからない。

5◎　キ→コ→クとなるので，$\overline{将棋}$→サッカー→野球→$\overline{水泳}$から，「将棋が得意でない生徒は水泳が得意でない」というのは論理的に正しい。

　よって，正答は**5**である。

正答
5

No.35 試合と勝敗

A～Fの6チームが総当たり戦でサッカーの試合を行った。試合の結果について次のア～カのことがわかっているとき，第5位になったチームはどれか。

ア　AチームはEチームに勝ち3勝2敗であった。
イ　Bチームは全敗した。
ウ　Cチームは優勝チームに勝ったが負け越した。
エ　DチームはCチームに勝ったがFチームには負けた。
オ　Eチームは優勝チームに勝っていれば優勝できた。
カ　引分けの試合はなかった。

1 A　**2** C　**3** D　**4** E　**5** F

受験時には
100%正答したい

解 説

条件を勝敗表にする。

条件ウより，優勝チームは少なくとも1敗している。AとBの成績は合わせて3勝7敗，試合は全部で15試合行われるので，C～Fの4チームの成績は合わせて12勝8敗。もし，優勝チームが3勝2敗の成績だと，C～Fの成績がありえなくなる。よって，優勝チームの成績は4勝1敗。条件ウより，それはCではない。条件エより，優勝チームはCに負けているので，Cに勝ったDは優勝チームではない。条件オより，Eも優勝チームではない。したがって，優勝したのはFである。Fが4勝1敗，CがFに勝ったことを勝敗表に書くと，表2のようになる。

Cは負け越したので，2勝3敗となり，Aの3勝も表3のように定まる。

また，Fが優勝なので，DはEに負けたはずである。

確かに，EはFに勝っていれば優勝できたことになる。結局，Fが優勝，A，D，Eは同率2位，Cが5位，Bが最下位と確定する。

よって，正答は**2**である。

表1

	A	B	C	D	E	F	勝 負
A	—				○		3-2
B	×	—	×	×	×	×	0-5
C		○	—	×			
D		○	○	—		×	
E	×	○			—		
F		○		○		—	
							15-15

表2

	A	B	C	D	E	F	勝 負
A	—	○			○	×	3-2
B	×	—	×	×	×	×	0-5
C		○	—	×		○	
D		○	○	—		×	
E	×	○			—	×	
F	○	○	×	○	○	—	4-1
							15-15

表3

	A	B	C	D	E	F	勝 負
A	—	○	○	×	○	×	3-2
B	×	—	×	×	×	×	0-5
C	×	○	—	×	×	○	2-3
D	○	○	○	—		×	
E	×	○	○		—	×	
F	○	○	×	○	○	—	4-1

表4

	A	B	C	D	E	F	勝 負
A	—	○	○	×	○	×	3-2
B	×	—	×	×	×	×	0-5
C	×	○	—	×	×	○	2-3
D	○	○	○	—	×	×	3-2
E	×	○	○	○	—	×	3-2
F	○	○	×	○	○	—	4-1

正答
2

位置関係

理想解答時間 3分　合格者正答率 70%

条件を
パズル・ピースの
形で考える

下の図のようにA～Eの5区画の宅地がある。5区画の購入者はそれぞれみな異なっているが，同じ姓，同じ名の者はいる。購入者5人の姓は内藤，斎藤，佐藤，大藤のいずれかであり，名は一郎，二郎，三郎のいずれかである。この5人について，次のア～オがわかっているものとすると，確実にいえるものはどれか。ただし，右隣，左隣については，宅地を道路から向かって見た状況をいうものとする。

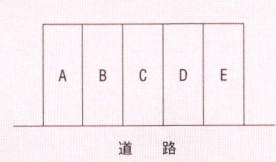

道　路

ア　内藤さんの購入した宅地の右隣は一郎さんの購入した宅地である。
イ　佐藤さんの購入した宅地の左隣は三郎さんの購入した宅地で，右隣は大藤さんが購入した宅地である。
ウ　斎藤さんの購入した宅地の左隣は大藤さんの購入した宅地で，右隣は三郎さんが購入した宅地である。
エ　二郎さんの購入した宅地の左隣は一郎さんの購入した宅地で，右隣は大藤さんが購入した宅地である。
オ　斎藤さんの購入した宅地の左隣の宅地の購入者は一郎さんである。

1　5人の中に同姓同名の者がいる。
2　佐藤さんの右隣は一郎さんの宅地である。
3　大藤さんの宅地はCでもEでもない。
4　一郎さんの宅地は一郎さんの宅地の隣ではない。
5　二郎さんの宅地はD以外の宅地である。

解説

まずア～オの条件をそれぞれ表にしてみると，次のようになる。

ここで，イ～エは3軒ずつの位置について述べており，ア，オより情報が多いので，これらのうちから2つを組み合わせることを考える。姓は1つだけダブっていることに注意してイとウの2つを組み合わせると，次の①および②の2通りが考えられるが，②の場合はほかの条件と矛盾せずに

組み合わせることができない。

①にほかの条件を加えてみると，

	A	B	C	D	E
	内藤	佐藤	大藤	斎藤	大藤
	三郎	一郎	一郎	二郎	三郎

のようになり，すべての条件を満たす。

したがって，①だけが可能性があることになり，ここから確実にいえるのは，「佐藤さんの右隣は一郎さんの宅地である」という**2**だけである。

正答
2

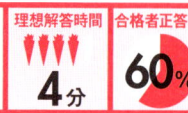

暗号

理想解答時間 **4分**　合格者正答率 **60%**

暗号は
警視庁で頻出

ある暗号では,「□○△　□○○　△△□　□□□　○△△　□□□　△○○　□○○」
が「ひまわり」を表すという。同じ暗号を使って,「たいよう」を表したものとして,
妥当なものはどれか。

1　□□○　□□□　□○△　□○○　○△△　□○○

2　○□△　□□□　□□□　○○△　△△○　□○○

3　○□△　□□□　□○○　○○○　△△△　□□○

4　○□□△　□□□　□○○　○□○　△△○　○□○

5　□□○　□□□　□○○　□○○　○△△　□○○

この問題の特徴

　警視庁では暗号の問題が出題されます。記号の数と,対応する文字の数をそろえることがはじめに必要で,本問の場合は8つの記号で「ひまわり」という4文字を表すのは不自然なので,ローマ字表記「HIMAWARI」であることが推測できます。

解説

　「ひまわり」,「たいよう」と平仮名で表されているが,

「□○△　□○○　△△□　□□□
　H　　　I　　　M　　　A
○△△　□□□　△○○　□○○」
　W　　　A　　　R　　　I

で文字数が一致しており,□□□がいずれもAに対応していることからも,原文はアルファベット(ローマ字表記)と考えればよさそうである。そこで,判明している文字A,H,I,M,R,Wについてアルファベットの対応表を作ると右の表Iのようになる。使われている記号が□,△,○の3種類なので,基本は3進法と考えればよいのだが,左端の記号はアルファベットの前段が□,中段が△,後段が○であること

とから,□→△→○の順で変化させ(要するに,□=0,△=1,○=2として3進法的に対応させればよい),アルファベットとの対応表を完成させると表IIのようになる。ここから,「たいよう」=「TAIYOU」とすれば,T=○□□△,A=□□□,I=□○○,Y=○○□,O=△△○,U=○□○,となるので,正答は**4**である。

表I

A	□□□	J		S	
B		K		T	
C		L		U	
D		M	△△□	V	
E		N		W	○△△
F		O		X	
G		P		Y	
H	□○△	Q		Z	
I	□○○	R	△○○		

表II

A	□□□	J	△□□	S	○□□
B	□□△	K	△□△	T	○□△
C	□□○	L	△□○	U	○□○
D	□△□	M	△△□	V	○△□
E	□△△	N	△△△	W	○△△
F	□△○	O	△△○	X	○△○
G	□○□	P	△○□	Y	○○□
H	□○△	Q	△○△	Z	○○△
I	□○○	R	△○○		

正答 **4**

席順

理想解答時間 ▼▼▼▼ 4分 ｜ 合格者正答率 70%

A〜Fの6人が，円卓に等間隔に座っている。Aの隣にはDが座っている。Bの向かいにはFが座っている。そして，Cの向かいはAではない。このとき，6人の並び方を一つに確定させる条件として，妥当なものはどれか。

一工夫が必要な問題

1 Cの向かいはDである。
2 Eの向かいはAである。
3 Aの右隣はDである。
4 Cの右隣はEである。
5 Fの右隣はEである。

この問題の特徴

円卓の座席に関する問題です。円卓では「端」の席がないので，右隣や左隣などの関係をまとめるだけでは座席が確定しないので，一工夫が必要です。

解答のコツ

まず向かい合って座っている2人に注目します。本問では，BとFの座席を決めてしまうのがコツです。

解説

Aの隣がD，Cの向かいはAではないのでDしかありえず，右のI〜IVの4通りの可能性があることになる。ここで1〜5を考えると，1，2はすでに確定しているので新たな条件を付加することにならない。3ではI，IVのいずれであるか判断できず，4ではII，IIIのいずれか判断できない。これに対し5の条件があれば，座席配置はIの場合に確定するので，5が座席配置を1通りに確定するのに必要な条件である。

よって，正答は5である。

この問題では，B，Fのどちらかについて，その左右の一方でも決まれば全員の配置が決まる，という関係になっており，BまたはFに関連しない条件では座席配置を1通りに確定することはできないようになっている。

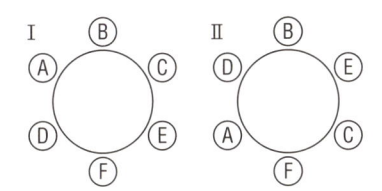

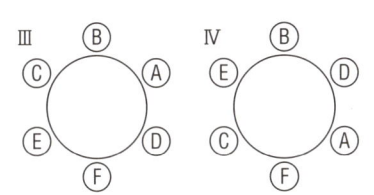

正答 5

平面図形

いつ出題されてもおかしくない

次の図形の中に長方形はいくつ含まれているか。ただし，正方形は除くものとする。

1　120個

2　124個

3　126個

4　128個

5　130個

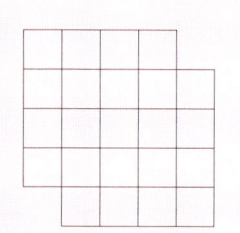

この問題の特徴

　図形を組み合わせて指定された図形を作る問題です。重複せずに数え上げるのにコツが必要です。

解説

　長方形を大きさで分類し，数え上げ合計する。

1×2
　上から1段目，下から1段目…各3個
　上から2，3，4段目…各4個　計18個

1×3
　上から1段目，下から1段目…各2個
　上から2，3，4段目…各3個　計13個

1×4
　上から1段目，下から1段目…各1個
　上から2，3，4段目…各2個　計8個

1×5
　上から2，3，4段目…各1個　計3個

2×3
　上から1～2段目，下から1～2段目……各2個
　上から2～3，3～4段目…各3個　計10個

2×4
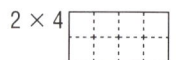
　上から1～2段目，下から1～2段目……各1個
　上から2～3，3～4段目…各2個　計6個

2×5
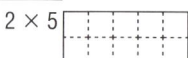
　上から2～3，3～4段目…各1個　計2個

3×4
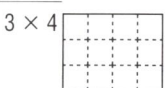
　上から1～3段目，下から1～3段目……各1個
　上から2～4段目…各2個　計4個

3×5
　上から2～4段目……1個

　これらの縦横を取り替えたもの（90°回転させたもの）が同じ個数だけある。
　$(18＋13＋8＋3＋10＋6＋2＋4＋1)$
　　$×2＝130〔個〕$
　よって，正答は**5**である。

正答 5

No.40 正多面体

理想解答時間 **3分**　合格者正答率 **70%**

次の表は，正多面体のそれぞれの数を示したものであるが，正しく記入されているものはどれか。

	正四面体	正六面体	正八面体	正十二面体	正二十面体
頂点の数	4	6	6	20	12
辺の数	8	12	16	30	30
1頂点から出る辺の数	3	3	4	4	5

1　正四面体

2　正六面体

3　正八面体

4　正十二面体

5　正二十面体

性質をあらかじめ整理して覚えると役に立つ

この問題の特徴

正多面体の性質を問う問題です。その場で「1つの頂点に集まる面の数」を考えて解答するのもよいのですが，本問で問われていることはあらかじめ整理して覚えておくほうが早いですし，役に立ちます。

解説

たとえば，正四面体では面の形は正三角形で1つの頂点に3つの面が集まるから，その頂点の数は $3 \times 4 \div 3 = 4$ となる。正六面体では $4 \times 6 \div 3 = 8$，正八面体では $3 \times 8 \div 4 = 6$，正十二面体では $5 \times 12 \div 3 = 20$，正二十面体では $3 \times 20 \div 5 = 12$ である。辺の数については，2つの面が接するところに1本の辺ができるので，正四面体は $3 \times 4 \div 2 = 6$，正六面体は $4 \times 6 \div 2 = 12$，正八面体は $3 \times 8 \div 2 = 12$，正十二面体は $5 \times 12 \div 2 = 30$，正二十面体は $3 \times 20 \div 2 = 30$ となる。1つの頂点から出る辺の数は，1つの頂点に集まる面の数と一致する。これら

をまとめると下の表のようになる。

よって，正答は **5** の正二十面体である。

	正四面体	正六面体	正八面体	正十二面体	正二十面体
面の形	正三角形	正方形	正三角形	正五角形	正三角形
1つの頂点に集まる面の数	3	3	4	3	5
頂点の数	4	8	6	20	12
辺の数	6	12	12	30	30
1頂点から出る辺の数	3	3	4	3	5

PART III 過去問の徹底研究

正答 **5**

No.41 展開図

立方体の展開図の
応用問題

表面に同じ模様の描かれた立方体を，同じ模様同士が接するように3個組み合わせた。そうしてできた立体を正面と右から見たのが下の図である。立方体の展開図として，妥当なものはどれか。

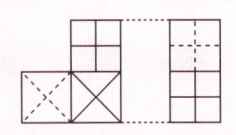

1　2　3　4　5

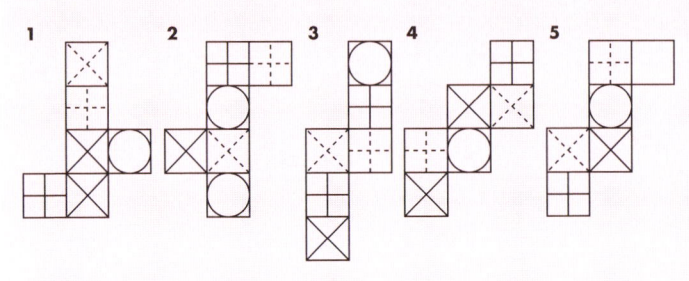

この問題の特徴

立方体（正六面体）の展開図の応用的な問題です。サイコロの問題でよく使う「五面図」に表して考えると楽に解答できます。

解説

以下の図のように，各立方体を五面図にしてみる。

1では，右下段の立方体で正面を2通り考えることができるが，図のような配置にすれば矛盾なく3つの立方体を組み合わせることが可能である。

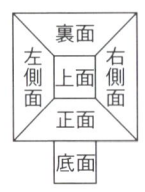

	裏面	
左側面	上面	右側面
	正面	
	底面	

2では，右側の2段に重ねた立方体は組めるが，その場合に左側の立方体を正しく配置することができない。

3～5では，いずれも右側の2段に重ねた立方体について，上段の底面と下段の上面の模様を一致させることが不可能である。

よって，正答は**1**である。

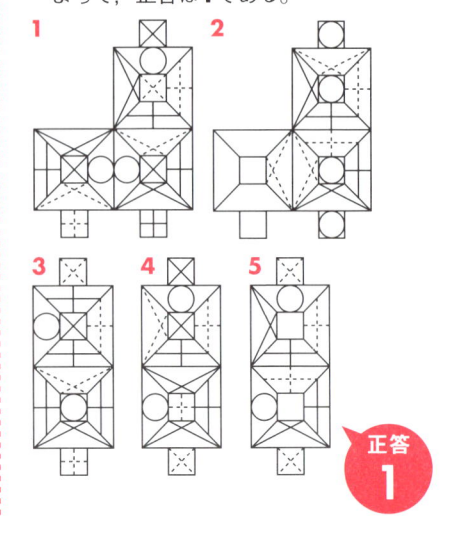

正答
1

空間図形の切断

立方体の切断は頻出テーマの一つ

下の図は立方体を4×4×5＝80個並べた立体である。この立体を，頂点ABCを通る平面で切断すると，切断される立方体はいくつあるか。

1 25個

2 26個

3 27個

4 28個

5 29個

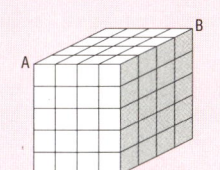

この問題の特徴

　立方体の切断は頻出のテーマですし，それほど難しくはありません。

　本問のような問題では，1段ずつ別々にして順番に考えれば混乱なく解答できます。

解答のコツ

　上から1段ずつ考える「分割法」を用います。

解説

　問題の立体を，3点A，B，Cを通る平面で切断すると，切り口は図Ⅰのようになる。この切り口について，最上段から順に1段ずつ見ていけばよい。図Ⅱで，各段に現れる切り口は灰色部分であり，この灰色部分にある正方形が切断される立方体に相当する。最上段から順に7個，9個，6個，3個，1個で，合計26個あることになる。

　よって，正答は**2**である。

図Ⅰ

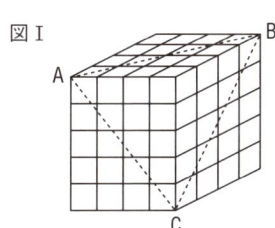

図Ⅱ

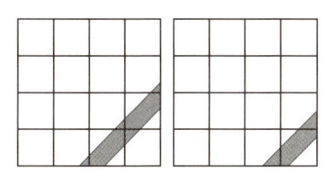

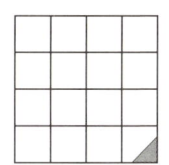

正答 **2**

数量関係

理想解答時間
3分

合格者正答率
80%

A社の10年前の従業員数は正社員，パートタイム社員合わせて175人で，これは現在の従業員数の1.4倍であった。現在は正社員が10年前の$\frac{1}{2}$，パートタイム社員が10年前の2倍であるとするとき，妥当なものは次のうちどれか。

1　現在の正社員の割合は全従業員の30%である。
2　現在のパートタイム社員の割合は全従業員の40%である。
3　現在のパートタイム社員の割合は全従業員の50%である。
4　10年前のパートタイム社員の割合は全従業員の20%である。
5　10年前の正社員の割合は全従業員の70%である。

受験時には100%正答したい

この問題の特徴

正社員とパートタイム社員の人数を，現在と10年前を比べて考える問題です。全従業員数も考える必要があります。

解答のコツ

現在の正社員をx人，現在のパートタイム社員をy人として，連立方程式を立てることで解答できます。

解説

現在の従業員数は，$175 \div 1.4 = 125$〔人〕である。

現在の正社員数をx，パートタイム社員数をyとすると，

$$\begin{cases} 2x + \dfrac{1}{2}y = 175 & \cdots\cdots① \\ x + y = 125 & \cdots\cdots② \end{cases}$$

と表せる。①×2−②より，$3x = 225$，$x = 75$となり，現在の正社員は75人（60%），パートタイム社員は50人（40%）である。10年前は正社員が150人（約85.7%），パートタイム社員が25人（約14.3%）となる。

ここから，正しくいえるのは「現在のパートタイム社員の割合は全従業員の40%である」である。

よって，正答は**2**である。

正答
2

No.44 記数法

6進法で5432と表される数を4進法に直したものはどれか。

1　103130
2　102132
3　103113
4　103132
5　103233

記数法の仕組みをマスターせよ

この問題の特徴

慣れないと難しく感じる「記数法」の問題です。

解答のコツ

記数法の仕組みをマスターして，位取りと「スダレ割り算」を正しく使えれば容易に解答できるようになります。

解説

$5432_{(6)}$ を10進法に直すと，$5432_{(6)} = 5 \times 6^3 + 4 \times 6^2 + 3 \times 6^1 + 2 \times 6^0 = 5 \times 216 + 4 \times 36 + 3 \times 6 + 2 \times 1 = 1244$ である。この1244を4進法に直せばよい。

$$
\begin{array}{r}
4) \underline{\quad 1244 \quad} \\
4) \underline{\quad\ \ 311} \cdots 0 \\
4) \underline{\quad\ \ \ 77} \cdots 3 \\
4) \underline{\quad\ \ \ 19} \cdots 1 \\
4) \underline{\quad\ \ \ \ 4} \cdots 3 \\
1 \cdots 0
\end{array}
$$

したがって，$1244 = 103130_{(4)}$ であり，正答は **1** である。

ただし，この問題では1244を4で割ったときの余り0（これが末尾の数になる）の段階で正答は **1** と決まってしまう。

正答
1

混合算

理想解答時間 **3**分　合格者正答率 **70**%

定番の問題

いま濃度 8 %の食塩水 A 320mℓに濃度の分からない食塩水 B 80mℓを注ぎ，十分にかき混ぜた。そこから50mℓを捨て，さらに食塩水 B を50mℓ注いでかき混ぜたところ，7.1%の食塩水ができた。このとき，食塩水 B の濃度は何%か。

1　3.4%

2　5.0%

3　4.3%

4　6.4%

5　6.6%

この問題の特徴

　濃度の異なる食塩水を混ぜる「混合算」は定番の問題です。

解答のコツ

　式を立てて考えると難しく感じますが，解説にあるような天秤図を描くと，手数が省略できます。

解説

　食塩水 A を320mℓ，B を80mℓで混ぜたのだから，両者を 4：1 で混ぜたことになる。よくかき混ぜてから50mℓを捨てたとすると，A：B＝4：1より食塩水 A を40mℓ，B を10mℓ捨てたのと同じことで，結局食塩水 A が280mℓ，B が70mℓで混ざっている状態である。これに食塩水 B を50mℓ注ぐのだから，最終的には食塩水 A 280mℓに，食塩水 B を70＋50＝120〔mℓ〕注いだのと同じことである。つまり，食塩水 A と B を A：B＝280：120＝7：3で混ぜたことになるが，食塩水 A の濃度が 8 %，最終的な濃度が7.1%だから，以下の図のように考えれば，

$$(8-7.1) \times \frac{7}{3} = 2.1 \, より，7.1-2.1=5〔\%〕$$

が食塩水 B の濃度とわかる。

　よって，正答は **2** である。

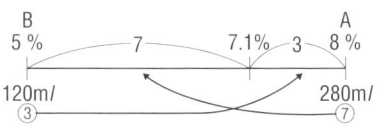

正答 **2**

速さと時間・距離

理想解答時間 **3分**　合格者正答率 **70%**

P市からQ町まで1本道で通じている。AはP市を出発して一定の速度でQ町に向かい，Aが出発した1時間後にBがQ町を出発してP市に向かった。2人が出会った後，3時間後にBがP市に，4時間後にAがQ町に到着した。Bの歩く速度がAより毎時1km速いとすると，P市とQ町の間の距離として，妥当なものはどれか。

数的推理の頻出テーマの一つ

1　16km

2　18km

3　20km

4　22km

5　24km

この問題の特徴

　ある地点と別の地点の間で人が行き来するときの，速度や時刻，擦れ違ったり追い抜いたりする場所に関する問題は数的推理の頻出テーマの一つです。

解答のコツ

　頭の中で考えているよりも，グラフを書いて移動の様子を整理するほうが確実です。

解説

　まず，右の図のようなダイヤグラムで考えてみると，

$4 : t = m : n$

$(t-1) : 3 = m : n$

より，$4 : t = (t-1) : 3$となる。よって，

$t(t-1) = 4 \times 3$

$t^2 - t - 12 = 0$

$(t+3)(t-4) = 0$

となるが，$t > 0$だから，$t = 4$である。すなわち，AはP市からQ町まで8時間，BはQ町からP市まで6時間かかったことにな

る。そこで，Aの時速をvとすると，$8v = 6(v+1)$より，$v = 3$となるので，Aは時速3kmで8時間，Bは時速4kmで6時間歩いたことになり，P市とQ町の間の距離は24kmである。

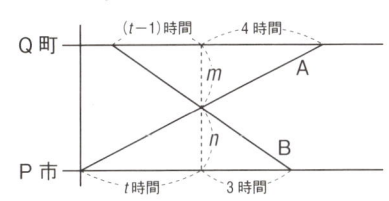

よって，正答は**5**である。

正答 **5**

場合の数

15個の区別できないリンゴを赤，青，緑，黄の4つの袋に分けて入れるやり方は何通りあるか。ただし，1個もリンゴが入っていない袋があってはならない。

1　128通り

2　364通り

3　455通り

4　1001通り

5　1365通り

> 難問だが
> 解ければ
> 自信になる

この問題の特徴

　最近の公務員試験で出題が増えている「場合の数」の問題です。思いつきで考えていっても混乱するだけですから，考え方の方針を決めて順序立てて考えていく必要があります。

解答のコツ

　15個のリンゴを1列に並べておいて，3つの仕切りを入れる場所が何か所あるかを考えると正答につながります。

解説

　右の図のように考えてみればよい。15個のリンゴを横1列に並べ，途中に3か所の仕切り線を入れる。そして，左から順に赤，青，緑，黄の袋に入れるものとすればよい。たとえば，Ⅰでは赤＝3個，青＝2個，緑＝4個，黄＝6個，Ⅱでは赤＝5個，青＝1個，緑＝6個，黄＝3個である。1個もリンゴが入っていない袋があってはならないのだから，結局15個のリンゴの間にある14か所の中から3か所を選んで仕切りを入れればよいことになる。14か所の中から3か所を選ぶ組合せだから，

$$_{14}C_3 = \frac{14 \times 13 \times 12}{3 \times 2 \times 1} = 364 \text{〔通り〕}$$

で，正答は**2**である。

Ⅰ ○○○|○○|○○○○|○○○○○○

Ⅱ ○○○○○|○|○○○○○○|○○○

正答 **2**

No.48 平面図形

理想解答時間 **4分**　合格者正答率 **50%**

一辺が16cmの正三角形に円が内接している。この内接円の中に描くことのできる正三角形の最大の面積はおよそ何cm²か。

1　24.8cm²

2　25.4cm²

3　26.1cm²

4　26.9cm²

5　27.7cm²

難問だが解ければ自信になる

この問題の特徴

　平面図形の辺の長さや面積を求める問題です。必要になる知識は「三平方の定理」など，おなじみのものなので，問題を数多く解けば，正答率が上がります。

解答のコツ

　まずは図を描いてみましょう。直角三角形は三平方の定理を用いることで辺の長さがわかります。特に$30° - 60° - 90°$の三角形は頻出です。

解説

　題意の条件を満たす正三角形の1つは右図の△DEF（D，E，Fは△ABCの各辺の中点）である。この△DEFと外側の△ABCの相似比は1：2であるから，面積比は，

　　　△DEF：△ABC$= 1^2 : 2^2 = 1 : 4$

となっている。

　また，△ADC は3辺の比が$1 : 2 : \sqrt{3}$となっている直角三角形であるから，$AD = 8\sqrt{3}$であり，△ABC の面積は，

$$\triangle ABC = BC \times AD \times \frac{1}{2}$$

$$= 16 \times 8\sqrt{3} \times \frac{1}{2}$$

$$\therefore \quad \triangle DEF = \triangle ABC \times \frac{1}{4}$$

$$= 16 \times 8\sqrt{3} \times \frac{1}{2} \times \frac{1}{4}$$

$$= 16\sqrt{3}$$

$$\fallingdotseq 27.7 \,[\text{cm}^2]$$

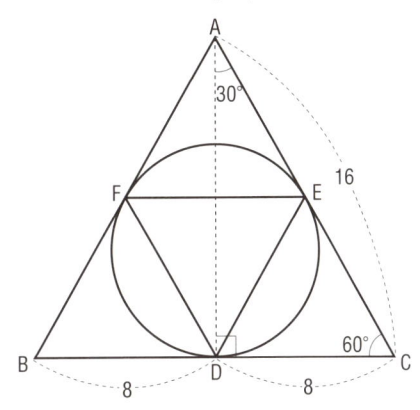

よって，正答は **5** である。

PART III 過去問の徹底研究

正答 **5**

教養試験 警視庁
資料解釈

数表の読み取り

理想解答時間 **4**分

合格者正答率 **70**%

受験時には
100%正答したい

下表は交通事故発生状況の推移を見たものであるが，この表から確実にいえるものはどれか。

交通事故発生状況

	発生件数（件）	死者数（人）	負傷者数（人）
1990年	643,097	11,227	790,295
1995年	761,794	10,684	922,677
2000年	931,950	9,073	1,155,707
2005年	934,346	6,937	1,157,113
2010年	725,924	4,948	896,297
2015年	536,899	4,117	666,023
2020年	309,000	2,839	368,601

1 全体を見ると，発生件数，死者数，負傷者数とも減少を続けていたが，1995年を底に，いずれも増加し続けている。

2 1990年から2005年の間で，交通事故1件あたりの死者数が最も多かったのは，1995年である。

3 2000年には1日あたり発生件数は2,500件を超え，1日あたりの負傷者数は3,000人を超えた。

4 2015年における死者数の2010年に対する減少率は，2015年における発生件数の2010年に対する減少率を上回る。

5 2020年における2015年に対する負傷者の減少数は，2010年における2005年に対する負傷者の減少数より少ない。

この問題の特徴

資料解釈では数表の問題とグラフの問題は半々となっています。本問は実数についての問題なので，戸惑うことはないでしょう。

解説

1× 発生件数は1990〜2005年に増加している。また，死者数は1990年以降減少している。

2× 交通事故1件当たりの死者数は，1990年が $11000 \div 643000 \fallingdotseq 0.0171$ 〔人/件〕，1995年が $10700 \div 761800 \fallingdotseq 0.014$ 〔人/件〕となっているので，1990年のほうが多い。

3◎ 正しい。1日当たりの発生件数は $931900 \div 366 \fallingdotseq 2550 > 2500$ 〔件/日〕，1日当たりの負傷者数は $1156000 \div 366 \fallingdotseq 3160 >$ 3000〔件/日〕となっている。

4× 2010〜2015年における死者数の減少率は，$\frac{4100}{5000} - 1 \fallingdotseq 0.18$，発生件数の減少率は，$\frac{537000}{726000} - 1 \fallingdotseq 0.2603$ であり，後者のほうが大きい。

5× 2015〜2020年における負傷者の減少数は $666023 - 368601 = 297422$，2005〜2010年における負傷者の減少数は $1157113 - 896297 = 260816$ であるから，前者のほうが多い。

正答
3

グラフの読み取り

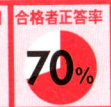

理想解答時間 5分　合格者正答率 70%

下のグラフは山岳遭難の発生状況をみたものであるが、このグラフから確実にいえることとして、妥当なものはどれか。

実数と指数が混じっている点に注意

山岳遭難の発生状況

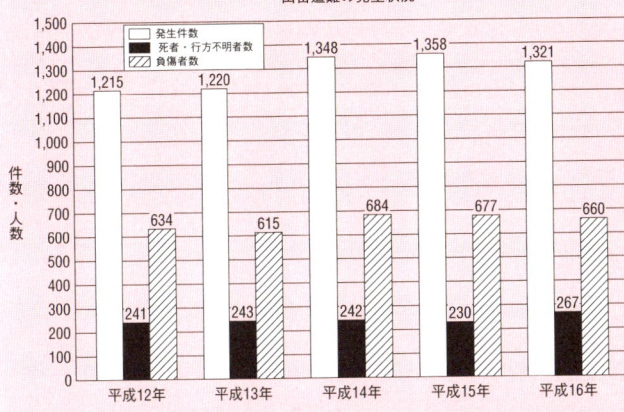

1　平成12〜16年の5年間のすべての年で、死者・行方不明者数は負傷者数の40%を下回っている。

2　山岳遭難発生件数1件あたりの死者・行方不明者数は、平成12年よりも平成16年の方が高くなっている。

3　平成15年における、死者・行方不明者数の対前年減少率は約4.2%だった。

4　山岳遭難発生件数1件あたりの負傷者数は、平成13年以降年々増加し続けている。

5　山岳遭難発生件数は、平成12年を100とした指数でみると、平成14年のそれは109である。

この問題の特徴

　本問は実数と指数が混じっているので、混乱しないように気をつけましょう。

解説

1×　平成16年においては、負傷者数の40%は660×0.40＝264＜267〔人〕となっているので、死者・行方不明者数は負傷者数の40%を上回っている。

2◎　正しい。山岳遭難発生件数1件当たりの死者・行方不明者数は、平成12年が241÷1215≒0.198〔人/件〕、平成16年が267÷1321≒0.202〔人/件〕となっている。

3×　平成15年における死者・行方不明者数の対前年減少数は、242−230＝12〔人〕、242×0.042≒10＜12〔人〕であるから、対前年減少率は4.2%より大きい。

4×　平成14〜15年には、発生件数は1,348→1,358〔件〕と増加し、負傷者数は684→677〔人〕と減少しているので、山岳遭難発生件数1件当たりの負傷者数がこの間に減少していることは明らかである。

5×　この指数が平成14年において109だと仮定すると、1215×109÷100≒1320＜1348となるので、実際の指数は109を上回っている。

正答 2

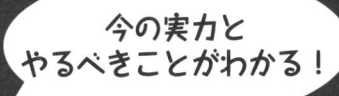

今の実力と
やるべきことがわかる！

PARTⅣ

これで受かる？
実力判定 & 学習法
アドバイス

PARTⅢの過去問を解き終わったら採点をして，
今の実力をしっかりと認識しましょう。学習を始めたばかりでは
よい点は取れませんが，あまり気にする必要はありません。
それよりも，自分の得意分野・不得意分野を自覚して
対策を立てるほうが大事です。
ここでは，過去問の採点の結果から今の実力を判定し，
どの分野が弱点なのかを明らかにします。
そして，得意・不得意の内容に応じた学習法を伝授します。

教養試験(5月型・7月型)を採点してみよう!

PARTⅢで正答できた問題について,
表中の欄にチェックをし,正答数を数えてみましょう。
どの科目も1問につき1点になります。

問題番号	科目	正答	1回目	2回目	3回目	分野
No.1	政治	1				
No.2	政治	4				
No.3	政治	4				❶ 社会科学
No.4	政治	4				
No.5	経済	5				1回目 /9
No.6	経済	3				2回目 /9
No.7	経済	4				3回目 /9
No.8	社会	1				
No.9	社会	4				197ページ
No.10	日本史	1				
No.11	日本史	4				❷ 人文科学
No.12	世界史	1				
No.13	世界史	5				1回目 /9
No.14	地理	4				2回目 /9
No.15	地理	5				3回目 /9
No.16	思想	5				
No.17	文学・芸術	4				
No.18	文学・芸術	3				198ページ
No.19	数学	2				❸ 自然科学
No.20	物理	4				
No.21	化学	1				1回目 /7
No.22	化学	4				2回目 /7
No.23	生物	1				3回目 /7
No.24	生物	5				
No.25	地学	2				199ページ

❶ + ❷ + ❸
一般知識分野

1回目 /25
2回目 /25
3回目 /25

結 果 判 定 の 生 か し 方

採点結果を確認し，その後の勉強に生かすことが大事です。また，2回，3回と繰り返すことも重要です。繰り返すことで実力がついていることが確認できますし，1回目に正答しても2回目に間違えたのであれば，その問題については復習が必要なことがわかります。

問題番号	科目	正答	1回目	2回目	3回目	分野
No.26	文章理解	1				**❹** 文章理解 ＋ 資料解釈
No.27	文章理解	3				
No.28	文章理解	2				
No.29	文章理解	1				
No.30	文章理解	1				1回目 ／11
No.31	文章理解	4				2回目 ／11
No.32	文章理解	4				3回目 ／11
No.33	文章理解	3				※No.49,50も加算する
No.34	文章理解	4				**196ページ**
No.35	判断推理	2				**❺** 判断推理 ＋ 数的推理
No.36	判断推理	1				
No.37	判断推理	1				
No.38	判断推理	4				
No.39	判断推理	1				
No.40	判断推理	5				
No.41	判断推理	4				1回目 ／14
No.42	判断推理	1				2回目 ／14
No.43	判断推理	4				3回目 ／14
No.44	数的推理	4				
No.45	数的推理	5				
No.46	数的推理	2				
No.47	数的推理	4				
No.48	数的推理	5				**195ページ**
No.49	資料解釈	4				※❹に加算する
No.50	資料解釈	1				

❹ ＋ ❺
一般知識分野

1回目 ／25
2回目 ／25
3回目 ／25

❶ ～ ❺
総合得点

1回目 ／50
2回目 ／50
3回目 ／50

194ページ

教養試験（警視庁）を採点してみよう！

PARTⅢで正答できた問題について，
表中の欄にチェックをし，正答数を数えてみましょう。
どの科目も1問につき1点になります。

問題番号	科目	正答	1回目	2回目	3回目	分野
No.1	政治	4				
No.2	政治	1				
No.3	政治	4				❶
No.4	政治	1				社会科学
No.5	政治	1				1回目 ／9
No.6	政治	4				2回目 ／9
No.7	経済	2				3回目 ／9
No.8	経済	5				
No.9	社会	3				197ページ
No.10	日本史	2				
No.11	日本史	4				
No.12	世界史	1				❷
No.13	世界史	5				人文科学
No.14	地理	5				1回目 ／11
No.15	地理	3				2回目 ／11
No.16	思想	5				3回目 ／11
No.17	文学・芸術	2				※No.27も加算する
No.18	国語	1				
No.19	国語	4				198ページ
No.20	物理	4				
No.21	化学	2				※③に加算する
No.22	生物	3				
No.23	数学	4				

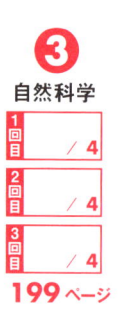

❸
自然科学
1回目 ／4
2回目 ／4
3回目 ／4
199ページ

❶
＋
❷
＋
❸
一般知識分野
1回目 ／24
2回目 ／24
3回目 ／24

問題番号	科目	正答	1回目	2回目	3回目	分野
No.24	文章理解	3				
No.25	文章理解	2				※④に加算する
No.26	文章理解	1				
No.27	英語	2				※②に加算する
No.28	文章理解	2				
No.29	文章理解	2				
No.30	文章理解	4				
No.31	文章理解	5				※④に加算する
No.32	文章理解	4				
No.33	文章理解	3				
No.34	判断推理	5				
No.35	判断推理	2				
No.36	判断推理	2				
No.37	判断推理	4				
No.38	判断推理	5				
No.39	判断推理	5				
No.40	判断推理	5				
No.41	判断推理	1				
No.42	判断推理	2				
No.43	数的推理	2				
No.44	数的推理	1				
No.45	数的推理	2				
No.46	数的推理	5				
No.47	数的推理	2				
No.48	数的推理	5				
No.49	資料解釈	3				※④に加算する
No.50	資料解釈	2				

❹
文章理解
＋
資料解釈

1回目	/11
2回目	/11
3回目	/11

196ページ

❹
＋
❺
一般知識分野

1回目	/26
2回目	/26
3回目	/26

❺
判断推理
＋
数的推理

1回目	/15
2回目	/15
3回目	/15

195ページ

❶
〜
❺
総合得点

1回目	/50
2回目	/50
3回目	/50

194ページ

教養試験の総合得点
診断結果発表

191・193ページの「総合得点」の結果から,あなたの今の実力と,今後とるべき対策が見えてきます。では,さっそく見てみましょう!

40点以上
合格圏内です！
教養以外の対策も進めましょう

　教養試験でこれだけ得点できれば,自信を持てます。「大卒程度警察官・消防官　新スーパー過去問ゼミ」などの問題集に取り組んで,力を維持しましょう。過去問の学習ではカバーできない時事問題対策も忘れずに。

　論文試験や面接で失敗しないように,それらの対策も考えていきましょう。

オススメ本
『公務員試験　速攻の時事』（毎年2月に刊行）

30点以上
合格ラインです！
確実な得点力を身につけましょう

　合格ラインには達しています。しかし,いつでも,どんな問題でも同じ得点を取れますか？　その点では安心できません。

　安定的に高得点が取れるように,さらに問題演習を重ねていきましょう。苦手分野があるのならば,それを克服するために「大卒程度警察官・消防官　新スーパー過去問ゼミ」などの問題集で重点的に学習をするとよいでしょう。

オススメ本
『大卒警察官　教養試験　過去問350』（毎年2月に刊行）

30点未満
まだまだこれから！
学習次第で実力をつけることは十分可能

　このままでは合格は難しいでしょう。

　しかし,学習を始めたばかりの人は,ほとんどがこのカテゴリに属しているはずです。公務員試験には知識もコツも必要なので,合格者でも最初から高得点が取れたわけではありません。

　落ち込む必要はありません。次ページ以降で各分野・科目の得意・不得意を確認して,あなたに向いた学習方針を探りましょう。

得点別に判定！

1 判断推理・数的推理の学習法

教養試験の最重要科目である判断推理と数的推理について，191・193ページの「⑤判断推理＋数的推理」の結果から，今後の対策を考えましょう。

13点以上　実力十分です！他の科目で足元をすくわれないように

判断推理・数的推理の得点力はかなりあります。あとは他の科目で得点を稼げば教養試験の合格ラインに近づきます。

ただし，理想をいえば満点が欲しいところです。「精選模試」は過去問から定番の問題をピックアップしているので，難解な問題や意地悪な問題は含まれていないからです。時間をおいて再挑戦してみましょう。

7点以上　基礎力はあります！問題演習で得点力アップをめざそう

基礎的な問題を解く力はありますが，この点数では物足りません。

原因としては，①少しひねった問題だと対応できない，②時間がかかりすぎる，などが考えられます。どちらにしても，問題を解く筋道をパターン化して，「この問題ならこの解法！」と即座に反応できるようになることです。そのためには問題集で数多くの問題に取り組むことが有効です。

オススメ本
『大卒程度警察官・消防官　新スーパー過去問ゼミ　判断推理』
『大卒程度警察官・消防官　新スーパー過去問ゼミ　数的推理』

7点未満　基本から勉強！コツをつかめば得点はすぐ伸びます

判断推理や数的推理は公務員試験に特有のものなので，学習を始めたばかりの人は戸惑います。まずは初学者にやさしいテキストで基本から学習しましょう。きっかけさえつかめれば得点はグングン伸びていきます。

オススメ本
『判断推理がみるみるわかる！　解法の玉手箱［改訂第2版］』
『数的推理がみるみるわかる！　解法の玉手箱［改訂第2版］』

※本文中に挙げた書籍は，巻末「公務員受験BOOKS」参照

2 得点別に判定！ 文章理解・資料解釈の学習法

文章理解と資料解釈について，191・193ページの「④文章理解＋資料解釈」の結果から，今後の対策を考えましょう。

8点以上 言うことなし！ あとは解答時間の短縮だけ

文章理解・資料解釈の得点力はかなりあります。ただし，解答時間はどのくらいかかりましたか？　他の科目の問題に割くべき時間を文章理解・資料解釈に使っていませんか？

教養試験は時間との戦いです。文章理解・資料解釈についても，より短い時間で解答することを心掛けましょう。

4点以上 もう少し得点したい！ 地道に実力アップをめざそう

教養試験は時間が足りないので，文章理解や資料解釈のような時間がかかりそうな問題はパスしたくなります。

これに対する対策は，「この問題なら解けそうだ」と思える問題をもっと増やすことです。文章理解や資料解釈の得点力は急激に伸ばすことは難しいので，問題演習を重ねてコツコツと実力をつけるしかありません。

オススメ本
『大卒程度警察官・消防官　新スーパー過去問ゼミ　文章理解・資料解釈』

4点未満 この得点では苦しい！ でも，コツをつかめば伸びしろは大きい

文章理解や資料解釈は，得点源にしやすい科目ではありません。しかし，知識を問われるわけではなく，じっくり考えれば正答することのできる科目なので半分は正答したいところです。問題集が難しいようなら，基礎的な解法を学べるテキストを見てみるのもよいでしょう。

オススメ本
『文章理解　すぐ解ける〈直感ルール〉ブック』
『公務員試験　速攻の英語』
『資料解釈　天空の解法パラダイム』

③ 社会科学の学習法

得点別に判定！

社会科学について，190・192ページの「①社会科学」の結果から，今後の対策を考えましょう。

8点以上 実力十分です！ただし時事問題の動向に注意

社会科学は時事的な内容が多く出題されるので，年度によって，出題内容が変化します。そのため，社会情勢に左右されない政治学や憲法，経済学の基礎的な理論・知識については確実に正答したいところです。

時事的な内容については，毎年の新しい話題に注意を払う必要があります。とはい

え「どこに注目すべきか」のコツをつかむのは容易ではないため，公務員試験用の時事対策本を活用するのが早道です。

オススメ本
『公務員試験　速攻の時事』（毎年2月に刊行）
『公務員試験　速攻の時事　実戦トレーニング編』（毎年2月に刊行）

4点以上 得意なのは特定科目だけ？全般的な得点力アップをめざそう

社会科学は「政治」「経済」「社会」などの科目で構成されますが，そのうちのどれかが苦手という人は多くいます。その場合，社会科学全体で見ると半分そこそこの得点にとどまってしまいます。

数多くの問題を解くことで，社会科学全

体の得点力を引き上げることが可能です。

オススメ本
『大卒程度警察官・消防官　新スーパー過去問ゼミ　社会科学』

4点未満 専門的な用語になじめない？用語の意味を覚えながら学ぼう

公務員をめざす人にとって，現代の社会について問われる社会科学は，本来得意にしやすい分野です。しかし，学習を始めたばかりだと，専門的な用語に戸惑う場合もあります。テキストを用いて用語の意味を

覚えながら学習するのも，一つの選択肢です。

オススメ本
『20日間で学ぶ政治・経済の基礎［改訂版］』

4 人文科学の学習法

得点別に判定！

人文科学について，190・192ページの「②人文科学」の結果から，今後の対策を考えましょう。

5月型・7月型
6 点以上

警視庁
8 点以上

実力があります！だからこそ深入りは禁物

人文科学はとても広い範囲から出題されます。たとえば世界史だけで考えても，古代から現代までとても広い範囲から出題の可能性があります。ですから，人文科学の学習は「キリがない」ともいえるのです。

ときどき，マニアックに細かく勉強して

いる人がいますが，それでは非効率的です。「精選模試」で高得点を取れるような人が，さらに人文科学を極めても，これ以上得点は伸びません。満点をめざしてもあまり意味はないので，他の苦手科目・分野に目を向けましょう。

5月型・7月型
3 点以上

警視庁
4 点以上

向上の余地あり！得点力アップをめざそう

人文科学に深入りは禁物ですが，半分程度の正答率という人は，もう少し得点力を伸ばすことが可能でしょう。毎年どこかの試験で出題される最頻出テーマはもちろん，より長い間隔で出題されるテーマについても，問題演習の中で知識を確認しておきたいところです。

オススメ本
『大卒程度警察官・消防官　新スーパー過去問ゼミ　人文科学』

5月型・7月型
3 点未満

警視庁
4 点未満

明らかに苦手な人過去問演習が難しければテキストで

高校時代に日本史，世界史，地理を選択しなかった人にとって，人文科学は難しいものです。いきなり過去問を解くことに抵抗があるならば，公務員試験の範囲に限定したテキストから始めるのも一つの方法です。

オススメ本
『20日間で学ぶ日本史・世界史［文学・芸術］の基礎［改訂版］』
『20日間で学ぶ社会・地理［思想］の基礎［改訂版］』

5 自然科学の学習法

得点別に判定!

自然科学について,190・192ページの「③自然科学」の結果から,今後の対策を考えましょう。

5月型・7月型 **6点以上** **警視庁** **4点以上**

実力があります！
他の科目・分野にも目を向けよう

公務員試験の受験生は，文系出身者が多いということもあって，自然科学に苦手意識を持つ人が多くなっています。そのため，自然科学が得意であれば他の受験生に差をつけることができます。

すでに「精選模試」で高得点を取れるのであれば，他の受験生に対してリードを奪っているということなので，ここはむしろ他の苦手科目・分野に目を向けるほうが得策でしょう。

5月型・7月型 **3点以上** **警視庁** **2点以上**

得点力は伸びる！
解法のパターンを習得しよう

自然科学は，高校で数学や理科をあまり学ばなかった初学者には難しく感じられます。しかし，自然科学には特定の頻出テーマがあり，特定の知識（公式など）さえ知っていれば，パターン化された解法で解ける問題も多いのです。そのため，問題演習

を繰り返していくことで得点力を上げることが可能です。

オススメ本
『大卒程度警察官・消防官　新スーパー過去問ゼミ　自然科学』

5月型・7月型 **3点未満** **警視庁** **2点未満**

どうしても苦手な人
学びやすいテーマだけでも押さえよう

問題文を見ただけで「とても解けそうもない」と，自然科学を「捨て科目」にしてしまう人がいます。しかし，それは非常にもったいないことです。また，教養試験全体の得点を考えても，自然科学が0点では苦しくなります。

そこで，易しいテーマだけでも学習して

「せめて3点は取る」ことを考えましょう。よく見れば自然科学にも学びやすいテーマがあるのです。

オススメ本
『公務員試験　速攻の自然科学』（毎年2月刊行）

PART IV 実力判定&学習法アドバイス

付録

警視庁の
受験者は要注意！
国語試験

ここでは，警視庁警察官採用試験（大卒程度・短大卒程度・高卒程度）で実施される「国語試験」の問題を紹介します。警視庁（Ⅰ類・Ⅲ類）の場合，五肢択一式の教養試験とは別に国語試験があり，漢字の問題が五肢択一式で50問出題されています。試験の程度により多少難易度の差はありますが，大きな違いはありません。警視庁Ⅰ類の場合，問題のレベルは漢字検定2級程度と言われていますが，7割以上は正答したいところです。なお，警視庁以外の道府県でも，教養試験の中で漢字の読み・書きが1〜2問出題されることがあります。*問題は，警視庁Ⅰ類の過去問から抜粋したものを掲載しています。

国語試験

次の（ ）内の漢字の読みが妥当な文を（1）〜（5）の中からそれぞれ1つ選び，記号で答えなさい。

※実際の出題は50題，試験時間は20分。

No.1

（1）罪人に（軽侮）の念を抱く。　　　　　　　　けいべつ

（2）伝統的な技術を（会得）した。　　　　　　　かいとく

（3）実家の（建坪）を調べる。　　　　　　　　　たてつぼ

（4）真面目な人を（唆）して悪事を働く。　　　　さと

（5）船が（奔流）に飲まれた。　　　　　　　　　ほうりゅう

No.2

（1）（彫塑）用の粘土で型を作る。　　　　　　　ほりそ

（2）組織の（枢要）な地位に就く。　　　　　　　すうよう

（3）葬儀で（弔辞）を読んだ。　　　　　　　　　とうじ

（4）哺乳瓶を（煮沸）消毒する。　　　　　　　　にふつ

（5）彼女は自己（顕示）欲が強い。　　　　　　　けいじ

No.3

（1）今後の方針を専門家会議に（諮）る。　　　　はか

（2）今回の措置は（時宜）にかなっている。　　　じせん

（3）正体を偽り（市井）の人として暮らしていた。　しい

（4）彼は悲しみのあまり（喪心）している。　　　もしん

（5）山々の間に海が（隠見）する。　　　　　　　おんけん

No.1　（3）

No.2　（2）

No.3　（1）

次の（　）内の漢字の読みが妥当な文を（1）〜（5）の中からそれぞれ1つ選び，記号で答えなさい。

No.4

（1）内部告発によりチームが（瓦解）した。　　　がかい
（2）奇襲を受けて（潰走）する。　　　ついそう
（3）（形骸）化している制度は廃止すべきだ。　　　けいこく
（4）子どものことで心を（煩）わせている。　　　まぎら
（5）研修の講師を（委嘱）する。　　　いたく

No.5

（1）池で釣れたのは（雑魚）だけだった。　　　ちぎょ
（2）枝を（矯）めて枝ぶりを良くする。　　　たしな
（3）（楷書）で名前を記入する。　　　みんしょ
（4）敵の（牙城）を崩すのは容易ではない。　　　きじょう
（5）料金の（多寡）は問わない。　　　たか

No.6

（1）二つの作品には（画然）とした違いがある。　　　がぜん
（2）（苛烈）な生存競争を生き抜いた。　　　つうれつ
（3）加害者に（怨恨）を抱いている。　　　おんこん
（4）来賓を（恭）しい態度で迎えた。　　　うやうや
（5）神社でお（神酒）をいただく。　　　みしゅ

No.4　（1）
No.5　（5）
No.6　（4）

次の（　）内の漢字の読みが妥当な文を（1）〜（5）の中からそれぞれ1つ選び，記号で答えなさい。

No.7

（1）元旦は神社に（参詣）する。　　　　　　　さんぱい

（2）脳の血管が（閉塞）している。　　　　　　へいそく

（3）有職者にご（叱正）を乞う。　　　　　　　しっしょう

（4）右足の（浮腫）が治らない。　　　　　　　うしゅ

（5）物価高により利益は（逓減）した。　　　　てんげん

No.8

（1）（好餌）に釣られて恥をかいた。　　　　　こうえ

（2）同盟（罷業）を決行する。　　　　　　　　のうぎょう

（3）銃口から（硝煙）が上がる。　　　　　　　しょうえん

（4）（凝）った料理を振る舞われる。　　　　　うたが

（5）商品の在庫が（僅少）となった。　　　　　きしょう

No.9

（1）強い締め付けにより足が（鬱血）している。ゆうけつ

（2）修繕工事は（徹宵）で行われた。　　　　　てつよい

（3）自分でコーヒー豆を（煎）る。　　　　　　いれ

（4）専門店で（種苗）を仕入れる。　　　　　　しゅなえ

（5）この小説は（白眉）の出来だ。　　　　　　はくび

No.7 （2）

No.8 （3）

No.9 （5）

次の（　）内の漢字の読みが妥当な文を（1）〜（5）の中からそれぞれ1つ選び，記号で答えなさい。

No.10

（1）変わり果てた故郷を（愁）える。　　　　　　　うれ

（2）民衆が武器を持って（蜂起）した。　　　　　　はっき

（3）彼の演説は（興趣）に欠ける。　　　　　　　　こうしゅ

（4）溶かした鉄を（鋳型）に流し込む。　　　　　　ちゅうがた

（5）（脊椎）の手術のため入院している。　　　　　　せきずい

No.11

（1）去年は多くの（災厄）に見舞われた年だった。　さいあく

（2）契約を（反故）にされる。　　　　　　　　　　はんご

（3）台所から（芳）しい香りがする。　　　　　　　こうば

（4）欠席の理由を（詰問）する。　　　　　　　　　きつもん

（5）人の悪口を（吹聴）して回る。　　　　　　　　すいちょう

No.12

（1）彼の（覇業）は時代を越えて語り継がれた。　　いぎょう

（2）突然の（訃報）に驚く。　　　　　　　　　　　とほう

（3）活動を（啓蒙）するための資料を作る。　　　　けいごう

（4）ウイルスによって（未曽有）の危機に直面した。みぞう

（5）（自嘲）するような笑みを浮かべる。　　　　　じしょう

No.10　（1）

No.11　（4）

No.12　（4）

次の（　）内の漢字の読みが妥当な文を（1）～（5）の中からそれぞれ1つ選び，記号で答えなさい。

No.13

（1）その表現には（語弊）がある。　　　　　ごかい
（2）寺で（勤行）を行う。　　　　　　　　　きんぎょう
（3）物価の（騰貴）が続いている。　　　　　とうき
（4）先例に（依）って処理する。　　　　　　したが
（5）会社の（定款）を確認する。　　　　　　じょうかん

No.14

（1）先生が（逝去）された。　　　　　　　　いきょ
（2）姉は恋人に（惑溺）している。　　　　　わくでき
（3）（荘重）な式典に参列する。　　　　　　そうじゅう
（4）端末が故障したので（代替）機を借りた。　だいかえ
（5）技術の進歩に（驚嘆）する。　　　　　　きょうがく

No.15

（1）娘は文鳥を（愛玩）している。　　　　　あいげん
（2）功績が評価され（叙勲）を受けた。　　　じょうくん
（3）跡地に大学を（誘致）する。　　　　　　ゆうい
（4）自分に対する悪い印象を（払拭）したい。　ふしょく
（5）船が（右舷）に傾いている。　　　　　　うげん

No.13　（3）

No.14　（2）

No.15　（5）

次の（　）内の漢字の読みが妥当な文を（1）〜（5）の中からそれぞれ1つ選び，記号で答えなさい。

No.16

（1）台風被害により駅前の工事は（頓挫）した。　　　　とんざ

（2）容易な単語に（換言）する。　　　　　　　　　　　かんごん

（3）父は（庫裏）で住職と話し込んでいる。　　　　　　こうら

（4）権力者に（迎合）して意見を変える。　　　　　　　ぎょうごう

（5）人の失敗を（咎）める。　　　　　　　　　　　　　いさ

No.17

（1）彼は危うく（凶刃）を免れた。　　　　　　　　　　きょうば

（2）（数寄屋）造りの家が建っている。　　　　　　　　すうきや

（3）出火原因は放火である（蓋然）性が高い。　　　　　がいぜん

（4）（愛猫）の写真を持ち歩く。　　　　　　　　　　　まなねこ

（5）戦いに備えて（猛者）たちを集める。　　　　　　　もうじゃ

No.18

（1）（自薦）して大会に出場した。　　　　　　　　　　じすい

（2）戦争の（惨禍）が繰り返されないことを願う。　　　さんか

（3）思いがけない事実に（逢着）した。　　　　　　　　おうちゃく

（4）家族と一緒に（桟敷）で花火を見る。　　　　　　　さんしき

（5）自分の（矮小）な考え方を改める。　　　　　　　　きょうしょう

No.16　（1）

No.17　（3）

No.18　（2）

次の（　）内の語句に相当する漢字を含む文を，次の（1）〜（5）のうちからそれぞれ1つずつ選び，記号で答えなさい。

No.19　祖父は九十歳にしてなお（ソウケン）である。
（1）かつてない（ソウゼツ）な戦いを繰り広げた。
（2）場内の（ソウゴン）な雰囲気に圧倒される。
（3）都会の（ケンソウ）から離れて暮らす。
（4）念入りに部屋を（ソウジ）する。
（5）シートベルトを（ソウチャク）する。

No.20　（コウリョウ）とした景色を眺めている。
（1）聞き取れるよう（メイリョウ）に発音してほしい。
（2）風邪をひいて自宅で（リョウヨウ）している。
（3）その職人は優れた（ギリョウ）の持ち主だった。
（4）政治資金を（オウリョウ）する。
（5）夏は（セイリョウ）飲料水がよく売れる。

No.21　急いでいても（アセ）りは禁物だ。
（1）有給休暇の取得を（ショウレイ）する。
（2）多くの人から（ショウサン）される作品を残した。
（3）話の（ショウテン）を絞って議論する。
（4）寝る間も惜しんで仕事に（ショウジン）する。
（5）（コウショウ）な議論にはついていけない。

No.19　（1）
No.20　（5）
No.21　（3）

次の（　）内の語句に相当する漢字を含む文を，次の(1)〜(5)のうちからそれぞれ1つずつ選び，記号で答えなさい。

No.22　侵略された領土を（ダッカン）する。
（1）血液が体内を（ジュンカン）する。
（2）彼女は部下の失敗に（カンヨウ）だ。
（3）首相（カンテイ）で会見を行う。
（4）連合（カンタイ）の攻撃を受ける。
（5）受け取った利益を社会に（カンゲン）する。

No.23　議長は（セイシュク）にするよう命じた。
（1）夏休みの（シュクダイ）を終わらせる。
（2）体調が悪いので外出を（ジシュク）している。
（3）休憩時間を（タンシュク）する。
（4）二人の結婚を（シュクフク）した。
（5）彼女は真面目で（テイシュク）な人だ。

No.24　（タクエツ）した演技力で注目を集める。
（1）（タクハイ）業者に集荷を依頼する。
（2）専門的な業務を（イタク）している。
（3）新たな市場を（カイタク）する。
（4）家族で（ショクタク）を囲む。
（5）（タクイツ）問題を解答する。

- -

No.22　（5）
No.23　（2）
No.24　（4）

次の（　）内の語句に相当する漢字を含む文を，次の（1）〜（5）のうちからそれぞれ1つずつ選び，記号で答えなさい。

No.25　父は（ユウズウ）が利かない頑固な人だ。
（1）銀行から（ユウシ）を断られた。
（2）大会で優勝して（ユウエツ）感に浸る。
（3）相手に（ユウリ）な情報を渡してはいけない。
（4）（ユウダイ）な景観に圧倒される。
（5）地球の（ユウキュウ）の歴史を紐解く。

No.26　古い街並みを眺めていると（キョウシュウ）にかられる。
（1）（ユウシュウ）の美を飾る。
（2）穴の開いた壁を（シュウゼン）する。
（3）外見の（ビシュウ）に左右されない。
（4）この度はご（シュウショウ）様でした。
（5）今夜は（チュウシュウ）の名月だ。

No.27　窓から（ゲンソウ）的な雪景色が見える。
（1）地震は神の怒りの（ケンゲン）だと言われている。
（2）（ゲンカク）な両親に育てられた。
（3）母は朝から（キゲン）が悪いようだ。
（4）（トウゲンキョウ）を目指して旅をしている。
（5）彼女の浪費癖を知り（ゲンメツ）した。

- -

No.25　（1）
No.26　（4）
No.27　（5）

次の（　）内の語句に相当する漢字を含む文を，次の(1)〜
(5)のうちからそれぞれ１つずつ選び，記号で答えなさい。

No.28　安物には（ソアク）品が多い。
（1）食べ物を（ソマツ）にしてはいけない。
（2）村落の（カソ）化が問題となっている。
（3）原告は選挙の無効を（テイソ）した。
（4）食物繊維が栄養の吸収を（ソガイ）する。
（5）昔ながらの（ソボク）な味がする。

No.29　今回ばかりは彼の発言を（ヨウゴ）できない。
（1）首長選挙に文化人を（ヨウリツ）する。
（2）家族を（フヨウ）するには収入が足りない。
（3）（チュウヨウ）な立場で話を聞く。
（4）事業計画の（ガイヨウ）を説明する。
（5）会社と（コヨウ）契約を結ぶ。

No.30　最も（オントウ）な提案が採用された。
（1）試合の後半まで体力を（オンゾン）する。
（2）（クオン）に変わらぬ愛を誓う。
（3）話し合いを（オンビン）に済ませたい。
（4）功労者に（オンシ）の品が授与された。
（5）彼は社長の（オンゾウシ）だ。

No.28　（1）
No.29　（1）
No.30　（3）

次の（　）内の語句に相当する漢字を含む文を，次の（1）〜（5）のうちからそれぞれ1つずつ選び，記号で答えなさい。

No.31　自転車の鍵を（フンシツ）した。
（1）誕生日なので（フンパツ）して高価な靴を買った。
（2）馬鹿にされて（フンヌ）の形相をしている。
（3）火山から（フンエン）が立ちのぼる。
（4）その国は今も（ナイフン）が続いている。
（5）幼い子供は物事の（フンベツ）がつかない。

No.32　自然の恵みを（キョウジュ）する。
（1）何気ない言動で上司の（フキョウ）を買ってしまった。
（2）事件に関する情報を（キョウユウ）する。
（3）基本的人権を（キョウユウ）する。
（4）山奥の（ヒキョウ）にある温泉宿を訪ねる。
（5）今回の失敗は良い（キョウクン）となった。

No.33　以前買った商品に（コクジ）している。
（1）絵の才能がないと（コクヒョウ）された。
（2）幼児期に（コクイン）された心象が強い。
（3）内部の不正を（コクハツ）する。
（4）苦手科目を（コクフク）するため学習塾に通った。
（5）史料には薩摩藩の（コクダカ）が記載されている。

No.31　（4）
No.32　（3）
No.33　（1）

次の（ ）内の語句に相当する漢字を含む文を，次の(1)～
(5)のうちからそれぞれ1つずつ選び，記号で答えなさい。

No.34 選手たちから（ハキ）が感じられない。
（1）交通事故で車が（タイハ）した。
（2）気象庁が（ハロウ）注意報を発表した。
（3）組織内の（ハバツ）争いに巻き込まれる。
（4）世界の市場を（セイハ）するために戦略を立てる。
（5）本の内容を（ハアク）していなかった。

No.35 貧富の（ケンカク）が甚だしい。
（1）複数の方法を比較して（ケントウ）する。
（2）（ケンショウ）に応募する。
（3）その業界で最も（ケンイ）ある賞を受賞した。
（4）褒め言葉を（ケンキョ）に受け取る。
（5）二人の関係は以前より（ケンアク）になった。

No.36 大手企業から業務提携の（ダシン）があった。
（1）国家の（イシン）をかけて戦う。
（2）罰として自宅（キンシン）を言い渡された。
（3）定期的に歯科（ケンシン）を受けている。
（4）新たな法案について（シンギ）する。
（5）（ハクシン）の演技に圧倒される。

No.34 （4）
No.35 （2）
No.36 （3）

カバーデザイン　　サイクルデザイン
本文デザイン　　　サイクルデザイン
イラスト　　　　　アキワシンヤ

●本書の内容に関するお問合せについて

　本書の内容に誤りと思われるところがありましたら，まずは小社ブックスサイト（jitsumu. hondana. jp）中の本書ページ内にある正誤表・訂正表をご確認ください。正誤表・訂正表がない場合や訂正表に該当箇所が掲載されていない場合は，書名，発行年月日，お客様の名前・連絡先，該当箇所のページ番号と具体的な誤りの内容・理由等をご記入のうえ，郵便，FAX，メールにてお問合せください。

〒163-8671　東京都新宿区新宿 1-1-12　　実務教育出版　第二編集部問合せ窓口
FAX：03-5369-2237　　　E-mail：jitsumu_2hen@jitsumu.co.jp

【ご注意】
※電話でのお問合せは，一切受け付けておりません。
※内容の正誤以外のお問合せ（詳しい解説・受験指導のご要望等）には対応できません。

2025年度版
警察官試験　早わかりブック

2023年 9 月10日　初版第 1 刷発行　　　　　　　　　　〈検印省略〉

編　者　資格試験研究会
発行者　小山隆之

発行所　株式会社 実務教育出版
　　　　〒163-8671　東京都新宿区新宿1-1-12
　　　　☎編集　03-3355-1812　　販売　03-3355-1951
　　　　振替　00160-0-78270
組　版　明昌堂
印　刷　文化カラー印刷
製　本　東京美術紙工

近年の過去問の中から約500問（大卒警察官、大卒・高卒消防官は約350問）を精選。実力試しや試験別の出題傾向、レベル、範囲等を知るために最適の過去問＆解説集で最新の出題例も収録しています。

★公務員試験 「合格の500」シリーズ［年度版］ ●資格試験研究会編

国家総合職 教養試験過去問500	**地方上級** 教養試験過去問500
国家総合職 専門試験過去問500	**地方上級** 専門試験過去問500
国家一般職［大卒］教養試験過去問500	**東京都・特別区**［I類］教養・専門試験過去問500
国家一般職［大卒］専門試験過去問500	**市役所上・中級** 教養・専門試験過去問500
国家専門職［大卒］教養・専門試験過去問500	**大卒警察官** 教養試験過去問350
大卒・高卒 消防官 教養試験過去問350	

短期間で効率のよい受験対策をするために、実際の試験で問われる「必須知識」の習得と「過去問演習」の両方を20日間で終了できるよう構成した「テキスト＋演習書」の基本シリーズです。20日間の各テーマには、基礎事項確認の「理解度チェック」も付いています。

★上・中級公務員試験 「20日間で学ぶ」シリーズ

◎教養分野
資格試験研究会編●定価1430円

20日間で学ぶ **政治・経済の基礎**［改訂版］	20日間で学ぶ **日本史・世界史**［文学・芸術］**の基礎**［改訂版］
20日間で学ぶ **物理・化学**［数学］**の基礎**［改訂版］	20日間で学ぶ **生物・地学の基礎**［改訂版］

◎専門分野
資格試験研究会編●定価1540円

20日間で学ぶ **憲法の基礎**［改訂版］ 長尾一紘 編著	20日間で学ぶ **国際関係の基礎**［改訂版］ 高瀬淳一 編著

国家一般職［大卒］・総合職、地方上級などの技術系区分に対応。「技術系スーパー過去問ゼミ」は頻出テーマ別の構成で、問題・解説に加えてポイント整理もあり体系的理解が深まります。「技術系〈最新〉過去問」は近年の問題をNo.順に全問掲載し、すべてに詳しい解説を付けています。

★上・中級公務員「技術系スーパー過去問ゼミ」シリーズ

技術系スーパー過去問ゼミ **工学に関する基礎**（数学/物理）資格試験研究会編 丸山大介執筆●定価3300円	技術系新スーパー過去問ゼミ **土木** 資格試験研究会編 丸山大介執筆●定価3300円
技術系新スーパー過去問ゼミ **化学** 資格試験研究会編●定価3300円	技術系新スーパー過去問ゼミ **電気・電子・デジタル** 資格試験研究会編●定価3300円
技術系新スーパー過去問ゼミ **機械** 資格試験研究会編 土井正好執筆●定価3300円	技術系新スーパー過去問ゼミ **農学・農業** 資格試験研究会編●定価3300円
技術系スーパー過去問ゼミ **土木**［補習編］ 資格試験研究会編 丸山大介執筆●定価2970円	

★技術系〈最新〉過去問シリーズ［隔年発行］

技術系〈最新〉過去問 **工学に関する基礎**（数学/物理）資格試験研究会編	技術系〈最新〉過去問 **土木** 資格試験研究会編

年度版の書籍については、当社ホームページで価格をご確認ください。https://www.jitsu.co.jp/